一度読んだら
絶対に忘れない

PHILOSOPHY
TEXTBOOK

哲学
の教科書

ネオ高等遊民

哲学には、"1つの"ストーリーがある！

はじめに

「小難しい用語ばかりでおもしろさがわからない」

「答えの出ないような抽象的な問いをこねくり回しているだけでは？」

　哲学について、このように感じている人が多いのではないでしょうか。

　大学院で古代ギリシア哲学を研究し、修士号を取得。その後、日本初の哲学YouTuberとして約6年間（2024年3月時点）活動している私からしても、十分に納得できる感想です。

　なぜ、哲学は難解で学びにくいといわれ、よく理解できないまま途中で挫折してしまう学習者が多いのでしょうか？

　本書で改めて詳しく解説しますが、「数学や語学のような教科書がないこと」「解説書の構成に問題があること」などが大きな理由です。

　哲学には公式や文法のようなルールが存在しません。そのため、みんなが納得できる答えや出発点を生み出すことがとても難しいのです。

　たとえば、哲学者デカルトが言った「我思う、ゆえに我あり」という有名なフレーズがあります。さまざまな哲学書で解説がなされているものの、実は彼が発した「思考」や「存在」という言葉をどう理解するかについて、いまだ定説がなく、共通見解も定まっていません。むしろ、多くの研究者たちが日々新しい解釈を生み出し続けているくらいです。

　さらに、「正確さとわかりやすさのバランスが取れていない解説書が多い」ことも事実です。正確さばかりを追求すると、冒頭で述べたような「小難しい」「抽象的」な本になってしまいます。反対に、わかりやすさだけでは、誤った理解を招くおそれがありますし、哲学の浅瀬で水遊びをしてい

るだけの軽い知識しか得られません。

　このような理由から、哲学は初学者にとってハードルが高く、おもしろくない学問だという誤った認識が広まっているのです。

　加えて、世の中には哲学用語を順番に紹介しながら「正解」や「定説」を解説する形式の入門書が多数存在します。しかし、哲学を学ぶ本当の醍醐味は、正解や定説がわからなくても、疑問を持ち、「なぜか？」「よりよく生きるにはどうすべきか？」などと考えをめぐらすことです。そうした考えを通じて、私たちの生き方についても見つめ直すきっかけが得られます。つまり哲学は「よりよく生きるためのツール」だといえます。

　そこでこの本では、哲学者たちの問いの歴史を１つのストーリーに沿って解説しています。４つの時代区分で15名ずつ、計60名の哲学者を主役に、一度読むだけで哲学の基本が理解できる形式としました。

　そのストーリーの基本的な視点として設定したのは、「２つの源流思想と対立軸」というコンセプトです。これは、哲学が古代に生まれた２つの思想から始まっているという見方です。

　２つの思想は、同じ事柄を問いつつも異なる考えを示しました。その後、時代に応じて少しずつ哲学者たちの関心や前提が変化し、問い自体もその形を変えていったプロセスこそが哲学の歴史です。

　このコンセプトを通して、偉大な哲学者たちの主張の最重要ポイントと、彼らが思考を深めていったプロセスをストーリーとして読んでいけば、あれほどとっつきにくく感じられていた哲学が、一転して身近でおもしろい学問だと再発見できるはずです。本書は、古代から現代までのエッセンスを、グイグイとあっという間に読み進められる１冊となりました。特に、これから哲学を学んでみようという学生や社会人の方には、繰り返し読むに値する、最適の１冊になると思います。

ネオ高等遊民

一度読んだら絶対に忘れない
哲学の教科書

第1章【古代】
自然哲学 vs 形而上学

CONTENTS

第2章【中世】
キリスト教 vs ギリシア哲学

第3章【近代】
自然世界 vs 人間理性

第4章【現代】
旧哲学 vs 新哲学

「哲学の歴史」がわからない 理由は構成に問題があるから

 今までの哲学の歴史はバランスが偏っている

　哲学はとても難しい学問ですが、多くの人がその重要性を認識し、関心を持ち続けています。その中でも哲学に入門するための材料として、哲学者の考えを歴史として整理する方法（いわゆる哲学史）は、非常に重宝されています。

　しかし、やはり哲学の歴史は、解説書を読んでもなかなか理解しにくいのではないでしょうか。その理由の１つは、構成の問題です。

　１つ例を出せば、古代から現代までの通史と銘打たれる哲学の歴史であっても、古代や中世の記述の分量が、近現代よりも少ないことがしばしばです。古代は**ソクラテス・プラトン・アリストテレス**の３人が中心、中世はほとんど無視に近い状況です（最近は見直されつつありますが）。

　しかし、**哲学を歴史として学ぶことの意味の１つは、古い時代に問われた問題が、近現代でも形を変えて繰り返されていることがわかる**点にあります。実際、古代・中世の哲学を学ぶと、近現代の哲学が結構見えてくることもあります。なのに、最初から古い時代を軽視するような構成で書かれているとしたら、わかるはずのものもわからなくなって当然です。

　つまり、哲学がわからない原因は、読者に素養が足らないからではなく、本の構成に問題があるからです。中世の軽視は近代特有の価値観にすぎず、それをいまだに踏襲している哲学史はそろそろ引退させるべきです。

　そこでこの本では、**各時代の重要性を同等に評価する**という方針のもと、**各時代で15名ずつピックアップ**しました。特に中世をこれだけ取り上げるのは、入門的な通史ではあまり例がなかった画期的な構成です。

図 H-1 古代から現代までをバランスよく扱うと、哲学の歴史がよく見える

時代区分

古代 1000年	中世 1000年	近代 200〜300年	現代 100〜200年

従来の哲学の歴史の構成

古代 3人＋α	中世 0〜3人	近代 たくさん	現代 たくさん

・通史なのに古代と中世が少ない
・時代を超えた問題意識がつかめない

本書の構成

古代 15人	中世 15人	近代 15人	現代 15人

・古代から現代まで同人数
・全体の流れやポイントが一目瞭然

難しい哲学を、正確に わかりやすく理解する方法

 「正確さとわかりやすさ」の"ジレンマ"

本書で哲学者の思想を解説するにあたり、意識したポイントは2つです。

・**何が重要か（要点）**
・**なぜ重要か（意義）**

この2つを解説することで、正確さとわかりやすさのバランスを取るように意識しました。哲学はそもそも複雑で難しい話がテーマです。トピックも幅広く、難解な哲学を正確に説明しようとすると、その説明もやはり難しくてわかりにくくなってしまいます。だからといって、わかりやすさを求めて単純化したり、たとえ話を用いたりすると、えてして誤解になります。

その結果、多くの哲学入門書は「正確だけどよくわからない」「わかりやすいけど不正確」のどちらかになってしまっています。両者のバランスがうまく取れているのが、よい入門書です。

そこで本書では、「何が重要か」で正確さを、「なぜ重要か」でわかりやすさを意識しました。各哲学者の特に重要な話を正確にとらえて、彼らの思考の流れと、現代から見た意義を解説します。**どの哲学者も難解な話をするのですが、どうしてそんな話がしたいのか、その理由や過程は意外とシンプル**なのです。

個々の哲学者のポイントを解説しつつ、全体の流れを眺望できる1つの大きなストーリー性を持たせました。それを次にご説明しましょう。

図 H-2 哲学史のわかりにくさはどこにあるのか

①哲学に含まれるトピックが多い

[従来の哲学の歴史]

哲学
形而上学
倫理学
政治哲学

プラトンの
・形而上学
・倫理学
・政治哲学

アリストテレスの
・形而上学
・倫理学
・政治哲学

形而上学をメイントピックにして
その他は最小限に

 形而上学

プラトン

 形而上学

アリストテレス

※形而上学とは、世界や存在の根拠を問う哲学のこと

②正確さとわかりやすさのジレンマ

[従来の哲学の歴史]

 正確だけど わかりにくい

or

 わかりやすいけど 不正確

[本書]

 本当に入門できる革命的な哲学の歴史入門が本書！

各哲学者の要点と意義を
シンプルに説明

哲学は「2つの思想の源流と対立軸」を "数珠つなぎ"にして学べ！

 哲学とは存在の原理を考える学問

本書の「ストーリー」の根幹をなす2つの源流思想について説明します。

それぞれ「自然哲学」「形而上学」です。ごく簡単に違いを述べると、自然や存在の原理（根本的な原因や仕組みなどのこと）の違いです。

・自然哲学：自然や存在を、自然内の原理によって説明する哲学
・形而上学：自然や存在を、自然を超えた原理によって説明する哲学

自然（世界）の根源とは何か。あるとはどういうことか。哲学は私たちの存在や知識を成立させる根本的な原理への問いから始まりました。

この原初の問いをうけて、本書ではさしあたり**哲学を「自然や存在の原理を探究する学問」と規定して、その歴史の流れ**を追いかけます。

哲学がはじまった古代ギリシアでは、自然哲学的な考えと形而上学的な考えとが、はっきり対立していました。その対立が鮮明に現れているのは、**ピュタゴラスとヘラクレイトス**です。

それが中世以降は、どちらも存在の原理を考えるギリシア的な学問として、徐々に同一視されます。その結果、今では一般に形而上学といえば、古代ギリシアにはじまる存在の原理を探究する哲学を意味します。

つまり、哲学の歴史とは、この自然哲学と形而上学が、互いに対立したり、一方を取り込んだりして、さまざまな姿をとったものなのです。そのため、まずはこの2つの源流があることを知っておけば十分です。

次に、中世以降の流れをざっくりと数珠つなぎで説明します。

　中世では、キリスト教がヨーロッパ世界に現れました。**キリスト教にとって自然や世界の存在の原理とは、神**ですよね。これまでのギリシア的な考えとは、似ているところもあれば、異なるところもあります。

　両者は調和するのか、それとも相容れないのか。聖書を神の言葉と考えるという大前提は置きつつも、数々の優れた思索が残っています。中世哲学で論じられた事柄は、近現代哲学の基礎を作りました。

　近代では、科学や機械をモデルに、存在の原理を考えようとする傾向が表れました。これまでの古代から中世にわたって根強く存在した「目的論」という存在の原理を誤りだと考えるようになりました。目的論とは、ものが存在するのは何らかの意志によるという考えですが、「確実性（疑いえないこと）」を持つ認識ではないことが次々と明らかになり、排除されていきます。

　それと同時に、**確実性を判断する主体である人間理性の能力を精査することが、近代哲学の大きな関心**になりました。どういう物事が「確実＝疑いえない」と言えるのか、それをはっきりさせようというテーマです。こうして、自己のうちにある不確実な認識と確実な認識の対立と克服をも主題としたのが近代哲学です。

　そして現代では、古代から近代までの哲学を総括する視点を確保して、これまで論じられてこなかったこと、見過ごされていたことに注目します。つまり、**過去の哲学全体との対決のもとに、新しい哲学を始めようとするのが現代の哲学**です。現代で取り上げられている人物は、いずれも優れた総括の視点を提出した、大変重要な哲学者です。

　最後に大切な補足をします。この対立軸は、あくまでざっくりと全体の流れを理解する枠組みにすぎません。枠組みの視点にこだわりすぎると、貧しい理解や誤った理解を招きます。ですから、哲学者ひとりひとりの話のポイントを、しっかり理解することを目指しましょう。

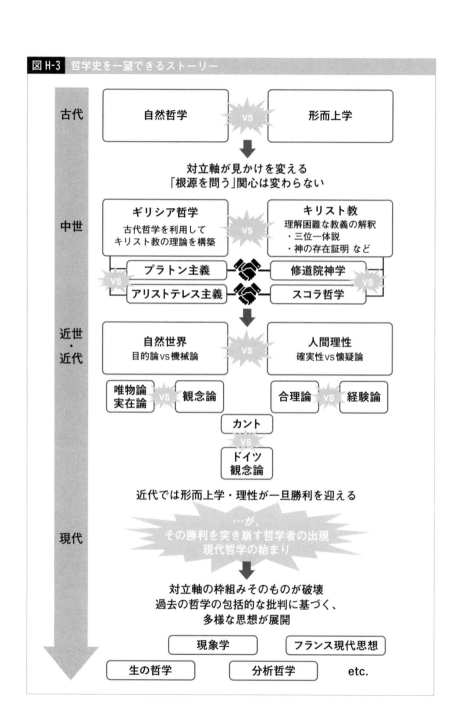

図H-3 哲学史を一望できるストーリー

古代

自然哲学　VS　形而上学

対立軸が見かけを変える
「根源を問う」関心は変わらない

中世

ギリシア哲学
古代哲学を利用して
キリスト教の理論を構築

VS

キリスト教
理解困難な教義の解釈
・三位一体説
・神の存在証明 など

プラトン主義　修道院神学

アリストテレス主義　スコラ哲学

VS

近世・近代

自然世界
目的論VS機械論

VS

人間理性
確実性VS懐疑論

唯物論
実在論　VS　観念論

合理論　VS　経験論

カント

VS

ドイツ
観念論

近代では形而上学・理性が一旦勝利を迎える

…が、
その勝利を突き崩す哲学者の出現
現代哲学の始まり

現代

対立軸の枠組みそのものが破壊
過去の哲学の包括的な批判に基づく、
多様な思想が展開

現象学　フランス現代思想

生の哲学　分析哲学　etc.

第1章

【古代】
自然哲学
vs 形而上学

イタリア
アドリア海
マケドニア
トラキア
黒海
ローマ
キケローの時代の
哲学の中心地
アリストテレスの出身地
プロタゴラスの出身地
アブデラ
シノペ
樽のディオゲネスの出身地
エレア
スタゲイラ
パルメニデスの出身地
デルフォイ
トロイア
クラゾメナイ
シチリア島
アテナイ
エフェソス
ヘラクレイトスの出身地
イオニア海
ミレトス
タレスの活躍した都市
アクラガス
シラクサ
スパルタ
サモス島
フェニキア
プラトンが哲人政治を
試みた都市
ピュタゴラスとエピクロスの
出身地とされる
地中海
キュレネ
エルサレム
哲学の舞台
プロティノスが学んだ
学術都市
アレクサンドリア

古代ギリシアは哲学が誕生した場所。すべての哲学がここにある

　古代哲学の主な舞台は、ギリシアの諸都市です。

　ギリシアの都市といえばアテナイ（アテネ）ですが、哲学はミレトスやエレアなどの諸都市から始まり、アテナイが文明文化の中心地になるにつれ、アテナイに知識人たちが集まりました。時を経て、ローマやアレクサンドリアに主な舞台が移ります。

　時代区分は、初期・古典期・後期の３つです。つまり、右図の流れで現代まで通じる哲学の基本形が完成します。ある意味では、頂点に達しているともいえるでしょう。そのため哲学では、21世紀の今においてもなお、古代哲学「を」学ぶのではなく、古代哲学「から」学ぶことができます。

第1章
【古代】
自然哲学
vs
形而上学

第2章
【中世】
キリスト教
ギリシア哲学
vs

第3章
【近代】
自然世界
人間理性
vs

第4章
【現代】
旧哲学
新哲学
vs

初期

まず、初期ギリシア哲学（ソクラテス以前の哲学）の時代に、「自然哲学」と「形而上学」の源流が登場しました。自然哲学はミレトス出身といわれる**タレス**、またはその弟子である**アナクシマンドロス**を元祖とし（イオニア哲学）、形而上学はサモス島の**ピュタゴラス**を元祖とします（イタリア哲学）。

古典期

次に歴史の舞台がアテナイに移ります。**ソクラテス・プラトン・アリストテレス**による古典期の時代に入り、哲学は厳密な論理を追究する学問になりました。前者2名は、形而上学の源流となる哲学者です。一方アリストテレスは、プラトンの学園で20年以上学びつつも師を批判し、自然研究をベースにした哲学者でした。

後期①：ヘレニズム期

その後、ヘレニズム哲学の時代には3つの学派が登場します。ストア派は自然の原理をロゴスと呼ぶ、形而上学的な立場。エピクロス派は自然の原理を原子と設定した、自然哲学的な立場。懐疑派は、自らの立場の明示を避ける学派で、すべては疑わしいと考えます。現代でもごくふつうに受け入れられているユニークな思想です。

後期②：ローマ期

ローマ時代では、**キケロ**などのローマ人もギリシア哲学を受容しました。また、古代の最後に、アレクサンドリアで学び、ローマに移住した**プロティノス**に代表される新プラトン主義が現れます。名前の通り、プラトンに影響された形而上学ですが、神秘的な要素が強く、言葉では表せないことを体系的な理論で語ろうと努力した学派です。

「万物の根源は水」の何が哲学なのか

 最初の哲学者といわれる定番の理由

　タレスは西洋哲学史上、最初の哲学者として有名です。この理由は「アリストテレスが『形而上学』という著作でそう書いているから」という説明が定番ですが、本書ではそれ以上の話を紹介します。

　タレス自身の言葉は、現在１つも残っていません。後世の報告によって**「万物の根源は水＝世界の大本は水だ」**という主張がタレスの学説だといわれています。ほかにも、「無生物にも魂がある」「宇宙は生きており、神々に満ちている」といった言葉も、彼の学説として伝えられています。

 「水」は神話よりも不合理な話

　「神話から哲学へ」とは、タレスが哲学者である理由を説明するときによく出てくる言葉です。今まで、世界の成り立ちや自然現象の原因を説明する手法は神話でした。タレスはそれに代わって、**水、つまり物質によって自然現象の原因の合理的な説明を試みた**という話です。科学の走りということですね。しかし、この従来の説明は、２つの意味で不適切です。

　まず、「万物の根源は水」は、科学的でも合理的でもありませんよね。科学的な根拠はありません。それにそもそも、なぜ万物の根源が水なのか、その理由をタレスは一切説明していません。

　そのため、タレスの話は神話よりもよほど不合理です。神話は、たとえば「雷とはゼウスという神の怒りである」というように、自然現象の説明はしています。説明の仕方が科学的ではないというだけです。

　もう１つの誤りは、タレスは別に神話や神々を否定していないという点

第1章
【古代】
自然哲学
VS
形而上学

第2章
【中世】
キリスト教
VS
ギリシア哲学

第3章
【近代】
自然世界
VS
人間理性

第4章
【現代】
旧哲学
VS
新哲学

です。それどころか神々を敬っています。そのため、彼の哲学を「合理的・科学的思考の萌芽による神話の否定」だと考えるのは正しくありません。

　以上が「神話から哲学へ」という解釈の誤りです。では、どうしてタレスが最初の哲学者といわれるのか。これが問題になります。

　彼が「万物の根源は水」と言った意図は、古代からさまざまな理由が考えられましたが、決定的な理由はわかりません。たとえば、アリストテレスは「大地は水に浮いているから」「養分は湿っているから」などと推測しています。

　そこで本書では、もう1つの「タレスが最初の哲学者といわれた理由」を考えます。これを理解するには、タレスにまつわる逸話が重要です。それが「哲学」や「哲学者」とは何なのか、タレスによって何が始まったのかを理解するヒントになります。

　哲学という言葉を本格的に使い始めたのは、ソクラテスやプラトンです。哲学者（知を愛する者）とはどういう人物なのかを説明するとき、実はプラトンはタレスを念頭に置いている箇所があります。『テアイテトス』という作品でプラトンが伝えるタレスの逸話をご紹介します。

 井戸に落ちたと勘違いされたタレス

　あるときタレスが井戸に落ちてしまいました。それを見た外国人女性が、「タレスさんは夜空の星ばかり見ているから、足元は見ていないのですね」と笑いました。

　この逸話にはおもしろい解釈があり、それによると、タレスは井戸に落ちたのではなく、天体観測のために井戸に入ったのだというのです。つまり、井戸を定点にした天体観測です。その事情を知らない人なら、タレスが井戸に落ちたと思ってもおかしくありませんよね。

　ちなみに古代ギリシアでも、役に立たなそうなことをする人は軽視されていました。「メテオロレスケース＝星を見つめる人」という古代ギリシア語は、「役立たず」というニュアンスもある言葉です。

哲学者とは、いわば星を見つめる船乗り

　また、プラトンは『国家』という著作の中で、**哲学者とは、「星を見つめる人」**だというイメージを語っています。

　国家を船にたとえ、誰が船長になるかをめぐって皆が争い合う中で、それに関心を持たずに星を見つめるだけの船乗りがいます。この比喩は、タレスの名前こそ出てきませんが、天体観測をする点で共通しています。

　その船乗りは、船長になりたくて星を見ているのではありません。星を見ることそのものが好きなのです。そんな彼をほかの乗組員は笑いますが、プラトンは問います。いったい誰が船長にふさわしいか、と。

　それは、船長の座をめぐって勢力争いをする人々のうちの誰かではない。暇さえあれば星を見ており、それによって自分たちの現在の位置や、向かうべき方向を導き出すような人物ではないか。そうプラトンは語ります。

 ## 哲学とは愛知の精神＝生き方のこと

「神話から科学へ」という説明では、哲学はいかにも理性的で合理的な学問として始まったように思われますが、それは誤解です。古代ギリシアの哲学の始まりにおいて問題になったことは、科学的か神話的かといった知識のあり方ではありません。**知を愛するのか、それとも名誉や権力など別の何かを愛するのかといった、人間のあり方**です。

　その証拠に、アリストテレスは『政治学』で、タレスがお金儲けをしてみせた逸話を紹介しています。「哲学者はやろうと思えばお金持ちになることはたやすい。しかし、そんなことには関心がないのだ」と述べたそうです。つまり、人生でどんなことに関心を持つか、どんな生き方をするか。それが哲学者とそうでない人を区別する基準です。ここに、**プラトンやアリストテレスが、タレスを哲学者のモデルと考えた真の理由があります**。

　知を愛するという人間のあり方、これまでには存在しえなかった新たな人間のあり方の可能性を象徴する人物。それがタレスだと古代ギリシア人

は考えました。「万物の根源は水」とは科学的な見解を示す言葉ではなく、知を愛する生き方を示す言葉です。そう解釈すれば、万物の根源が水であろうがなかろうが、タレスの偉大さが感じ取れます。

 ## タレスから人間の新しい生き方が始まる

このタレスを起点として、新たな生き方・新たな知が始まります。それが、「**イオニア哲学**」と呼ばれる**自然の根源や原理を探究する思索**です。初期ギリシアの哲学者たちの生き方は逸話でのみ知られていますが、どの哲学者についても敬意と揶揄、理解と無理解が入り交じるのが特徴です。

タレスの弟子のアナクシマンドロスは「原理」という言葉を歴史上はじめて使い、それを「無限なもの」と考えました。その弟子**アナクシメネス**は、「世界を包む空気」が自然の根源だと主張しました。

やがて、この自然哲学の流れとは別の哲学・別の人間のあり方が登場します。それがピュタゴラスに始まる超越的な原理を説く形而上学です。

図 1-1 タレスをはじめとする「イオニア哲学」の哲学者たち

紀元前7～6世紀頃

タレス
・最初の哲学者といわれる
・学説：（万物の根源は）「水」
・ギリシアに新しい知識を導く

↓

紀元前6世紀頃

アナクシマンドロス
・タレスの弟子といわれる
・学説：万物の根源は「無限」
・万物の原理をはじめて問うた

↓

紀元前6世紀頃

アナクシメネス
・アナクシマンドロスの弟子といわれる
・学説：万物の根源は「空気」
・合理的な自然世界の説明

第1章
【古代】自然哲学 vs 形而上学

第2章
【中世】キリスト教 vs ギリシア哲学

第3章
【近代】自然世界 vs 人間理性

第4章
【現代】旧哲学 vs 新哲学

「すごい。数と世界は、同じ構造だ。美しい」

 哲学（愛知）という言葉の生みの親

　数学の定理の名前で有名な**ピュタゴラスは、哲学という言葉を最初に使った人物**といわれています。また、「いかに生きるべきか」といった問題を考えたり、その生き方を実践したりする、という私たちの哲学に対するイメージは、実はピュタゴラスと彼の教団に由来しています。

　ピュタゴラスはタレスとは異なる哲学の源流です。大まかに区分すれば、**タレスに始まる自然哲学と、ピュタゴラスに始まる形而上学、この2つが古代ギリシア哲学の歴史の流れ**です。

 万物の原理を「数」とした形而上学

　「数」はピュタゴラス派の根本思想です。「自然（世界）は1から10までの数で成り立つ」というのが、彼らの見解です。

　タレスたちが考えた「水」や「空気」と、ピュタゴラスの考えた「数」は、性質がまったく違います。というのも、数とは抽象的な観念であり、自然のうちに存在するものではないからです。**形而上学は、そもそも原理とは、水や空気のような自然存在とは別のものだと考えます。**

　それでは、数とは何でしょうか。図のように、彼らは数を奇数と偶数からなるものと分析しました。この数の分析を、世界の分析と対比します。

　彼らによれば、**数も世界も2つのものの対立と調和の構造で成り立っています。**ここから、万物は見た目の姿とは別に、数を持つことで存在していると考えました。そして目に見えて常に変化する世界よりも、目に見えず常に同じである数のほうが、より根源的であるように思われたのです。

ずいぶん深遠な話にも見えますが、私たちのふだんの数の使い方にもそれは表れています。算数の授業で「りんご３つとみかん２つ、合わせていくつか」と聞かれれば、答えは５つです。これは、りんごやみかんを数に還元したために出てくる答えです。**具体的な内容を持つ自然を、数という内容を持たない抽象的な観念に還元している**のです。こうして自然と観念の分離が始まり、数のほうを自然の本質と見なす考えが現れました。

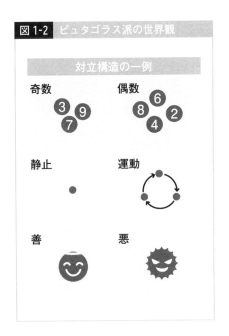

図1-2 ピュタゴラス派の世界観

対立構造の一例

奇数 3 9 7　偶数 8 6 2 4

静止　運動

善　悪

 自然は数で表現しても美しい

さらにピュタゴラス派は、音階や図形を数や比率で表現しました。

音楽では完全な調和音が、幾何学では正三角形が、それぞれ１、２、３、４という基本的な数字で表せることを示しました。**世界の秩序は数によって表現できる**のです。これはすごい発見です。ハーモニーは誰にとっても美しく聴こえますが、それが数で表現しても美しかった。耳で聴こえる以上の美しさや秩序をハーモニーは持っているという発見です。

この美的体験は、ピュタゴラス派と形而上学を理解するうえで絶対に欠かせないものです。単なる理屈から、超越的なものが存在するといっているわけではありません。**哲学は単に知識や論理を示す言葉ではなく、体験や生き方を示す言葉**でもあります。

また数は、感覚ではなく知性で考察されることも重要です。知性というのは頭の働きくらいの意味に考えてください。たとえば、先ほどのりんご

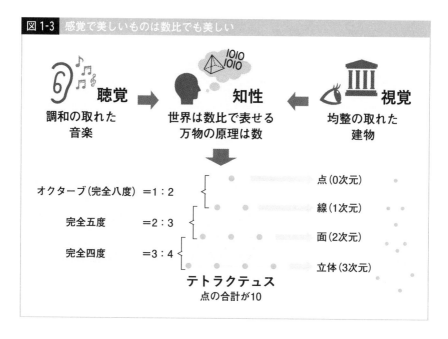

図 1-3　感覚で美しいものは数比でも美しい

聴覚　調和の取れた音楽

知性　世界は数比で表せる　万物の原理は数

視覚　均整の取れた建物

オクターブ（完全八度）＝1：2

完全五度　＝2：3

完全四度　＝3：4

点（0次元）

線（1次元）

面（2次元）

立体（3次元）

テトラクテュス
点の合計が10

とみかんのように、私たちは算数を最初は感覚的に学びます。

　しかし、いつまでも感覚で計算するわけではありません。24＋51などは、いちいち1つずつ数えるのではなく、頭で数字を操作します。これが知性による考察です。計算に習熟するほど、感覚は不要になります。そのためピュタゴラス学派は、**真理の探究のためにはできる限り感覚を排除して、知性を働かせることが重要**だと考えるようになりました。

 数に比べれば、現実の世界は醜い

「肉体は魂の墓場である」とは、ピュタゴラス派の有名な主張です。文字通りには、**「私たちは魂＝知性が本質であり、肉体＝感覚は魂を縛りつけて自由な働きを妨げるものだ」**という考えです。

　先ほどの「数が自然の秩序や真理を表現する」というピュタゴラス派の基本哲学と、とても整合性が取れています。つまり、**数で表現された秩序立った世界があまりにも美しいため、感覚でとらえられる現実の世界が醜**

く感じてしまうようになるのです。哲学が価値観・生き方を変える典型的な例が、ここに見出されます。これがピュタゴラスの哲学です。

そのため、ピュタゴラス派の生き方は「魂の浄化」を目標とします。肉体＝感覚を切り離し、魂＝知性のみで生きたいという願望の表現です。

こうしてピュタゴラス教団は、禁欲的な生活規律のもとで学問に励む生き方をしました。また、ピュタゴラス教団の生活は、多くの古代人の憧れるところとなり、「ピュタゴラス的生き方」という言葉が流行しました。

 ## 形而上学は哲学の基本中の基本

常に変転するこの世界から、常に同一の数の世界への憧れ。これが、ピュタゴラスとともに始まった形而上学の原点です。形而上学は必然的に、私たちが生きる自然世界とは別の世界を生み出すことになります。それがピュタゴラス教団の考える輪廻転生（魂の生まれ変わり）の思想や、プラトンのイデア界に現れています。

それと同時に、数やイデアによる理想的な世界という考えは、この自然世界を変革する思想としても働きます。醜い世界を美しい世界へと作り変える。つまり、形而上学は政治哲学でもあります。

いずれの点においても、プラトンは、ピュタゴラスを直接継承しています。**プラトンは哲学においても生き方においても、ピュタゴラスの学説をそのまま引き継いでいる**と言っても過言ではありません。

また、**形而上学は中世以降の哲学の基本**となります。中世以降の哲学はキリスト教が源流にありますが、これらの宗教はピュタゴラス由来の形而上学と非常に相性がよく、プラトン哲学とキリスト教が融合したものが、中世哲学の主要な内容を形成しました。

話をピュタゴラスの時代に戻しましょう。タレスに始まる自然哲学とピュタゴラスに始まる形而上学、こうした新たな知の探究の流れが生まれ育っていきます。しかしその中で、早くも彼らの知のあり方を全否定する怒りの哲学者が現れます。それが**ヘラクレイトス**です。

「哲学」に対する
最大最強の批判者

 哲学をまやかしだと否定した

　ヘラクレイトスは、歴史上はじめて哲学を批判した人物です。「哲学」という言葉の生みの親はピュタゴラスだと述べましたが、ヘラクレイトスはそのピュタゴラスを目の敵にしました。

　当時、ピュタゴラスは、大の博識として知られていました。ところが、ヘラクレイトスは彼のことを「博識は知恵を教えない」「まやかしの博識」と否定しました。いわく、ピュタゴラスのいう「哲学」（知を愛すること）は、いろいろな事柄について知識を得ることらしい。だが、そんなものは真に人間を賢くするものではないのだ、と手厳しく非難します。

　哲学という言葉や営みが生まれたばかりのこの時代に、すでに哲学を徹底的に批判する言論があったのです。そんな哲学の批判者ヘラクレイトスが、今では哲学者としか言いようがない存在なのですから、哲学とはなんとも広い意味を持つ言葉です。

 ピュタゴラスを絶対に許せない理由

　さて、ヘラクレイトスはピュタゴラスのことを「嘘つきの元祖」とさえ言いましたが、なぜここまで辛口なのでしょうか。

　前述したように、ピュタゴラスは数を原理とし、自然の中に数的秩序を見出そうとしました。それがピュタゴラスの言う「美」であり、人間の価値観の序列を、根底からくつがえしてしまうほどの圧倒的なインパクトがありました。つまりピュタゴラス的な思想では、感覚的な美よりも、知性的な美こそが真に美しいものとされたのです。

けれども数それ自体は、目に見えず、知性の働きによってとらえられるものです。そのため、ピュタゴラスの哲学とは、自然を知性によって理解することです。まさに**「知を愛する営み」**です。

しかし、ヘラクレイトスからすれば、それこそが許しがたいものでした。自然は、人間の知性など及びもつかないものだ。ピュタゴラスは、自然を人間の知性の範囲内で解明できるかのような思い込みをしている。こんな考えのもとでは、いくら自然についての知識を得ようとも、端的にまやかしであり、虚偽である。それがヘラクレイトスの言い分でした。

ちなみに、近代の科学者ガリレオは「自然という書物は、数学の言葉で書かれている」と言ったとされています。これは遠くさかのぼれば、ピュタゴラス的な発想です。

こうした科学的なものの考え方は、合理的で妥当な知だというのが私たちの常識ですが、ヘラクレイトスはそれに異を唱え、まやかしの博識だと批判したのです。

 ## わざと謎めいた言葉を駆使する文体

では、ヘラクレイトスの言う自然とは何か。自然が人間の知性を超えたものであるとすれば、どのように理解でき、語れるのでしょうか。

それはヘラクレイトスの語り方に表れています。彼の文体は「箴言」と呼ばれ、**短く謎めいた警句によって事柄の本質に迫ります。**

もっとも有名な箴言は「同じ川には二度入れない」です。ほかにも「争いは万物の父である」「反対のものが協調する」「昼と夜は１つである」などが有名です。

これらの言葉は、あいまいで多義的という特徴があります。ふつう言葉とはできるだけ明晰に書くものですが、ヘラクレイトスは、わざとわかりにくく書きました。その理由は、**自然は決して数学のように一義的、つまり誰にとっても同じ意味で理解できるようなものではない**からです。

言い換えれば、言葉では語り尽くせないものが自然です。そんな自然を、

それでもなお言葉によって語るならば、その言葉は常に多義的で、多様な意味を持つものでなければならないと、ヘラクレイトスは考えました。なので彼の言葉は、いずれも多様な解釈ができるよう工夫されています。

 ## 「ロゴス」をそのまま理解せよ

ヘラクレイトスは、自然を「ロゴス」と結びつけます。ロゴスという言葉には、**自然や万物の原理・言葉・理性・理由・比**といったさまざまな意味があり、ギリシア思想の核心を表す言葉です。

そのような内容豊かなロゴスについて、彼は「ロゴスはこの通りにあるのに、人間どもは理解しない」と言いました。これは、「本来ロゴスは人間の知性を超えているが、人間はロゴスを自分の知性でわかる範囲に限定してしまうために理解できない」という意味です。

そして博識に向こうを張って、「知はただ１つ」であり、それは「神慮（神の考え）を認識すること」だと主張しました。つまり、**「人間の知性を超えた摂理を認識することが、真に知恵と呼べるもの」**としたのです。

ただもちろん、知性を超えたものは人間に認識できません。そこでヘラクレイトスは、私たちの価値観に揺さぶりをかける言葉を紡ぎます。たとえば、「自然は隠れることを好む」とか「くず山のようにでたらめに積み重ねられたものから、かくも美しい世界秩序」といった言葉です。これらの言葉は、人間の知性の限界を語っているとも解釈できます。

 ## 人間知性を超えた自然の豊かな美や秩序

ちなみに現代の物理学などでは、ランダムに見えるものにも、実は秩序があることを発見する理論があります。そのため、「くず山にも実は数学的な美が隠れており、その秩序を発見することが人間知性の働きなのだ」という解釈も可能です。しかしそれでは、ヘラクレイトスがピュタゴラスの博識を批判したことと矛盾します。

なので、こう考えるのはどうでしょう。ヘラクレイトスの言うくず山と

は、人間の知性では無秩序・無価値であるとしか思えないものの比喩です。しかしそれらにも、実際には美的な価値や秩序はある。それが自然というものであり、人間の知性の及ばない領域があることの指摘です。

 ## ロゴスに聞き従い、万物が一と知る

ヘラクレイトスは、人間知性の傲慢さやうぬぼれを戒める思想家でもありました。そして、自然（ロゴス）に聞き従いなさいと説きます。また、万物は「一」であり、そのこととともに生きなさいと言いました。

知性では決して理解できないが、確かに存在するもの。それがロゴスであり、自然であり、すべての秩序の根源です。それと共に生きろというのが、ヘラクレイトスの倫理でした。

また、決してとらえられないロゴスは、火にもたとえられます。火は万物の生成変化の原因だといわれ、決して静止することがありません（万物流転）。燃え上がりつつ、自らを消してもいる、そんな存在なのです。そしてヘラクレイトスは、火が消えたところに水や空気や土が生じるという説明を与えました。

 ## 万物流転説の打倒を目指したプラトン

ヘラクレイトス自身は体系的哲学を持たず、学派も形成されませんでした。そのため、後世の哲学者（プラトンなど）は、ヘラクレイトスを「万物流転説」を唱えた人物だと解釈しました。これは学説の整理としては正しく、万物流転説の批判と検討によって、哲学の理論は精緻になりました。**万物流転説とヘラクレイトスは、プラトンの形而上学にとって、打倒すべき強力な理論だと理解されました。**

ただしヘラクレイトスは、特定の学説を唱えたわけでは決してありません。彼は、ピュタゴラスやプラトン的な知性のあり方を「まやかし」と指摘し、人間知性をはるかに超えた、豊かな自然と秩序を語った思想家といえるでしょう。

「ないはない」は無敵で究極の論理

 「存在のテーゼ」と「生成変化の否定」

　パルメニデスはエレア派という学派に分類される哲学者で、**初期ギリシア哲学の中でもっとも影響力の大きい思想家**です。弟子には**ゼノン**がいます。ゼノンは「アキレスと亀」などのパラドックスで有名です。

　あえて極論を言えば、パルメニデスは古代から現代までを含めたあらゆる哲学の頂点です。多くの哲学がパルメニデスに抵抗を試みますが、「存在のテーゼ」の正しさは動きません。たとえば本書の最後に位置するレヴィナスは、パルメニデスの存在論に名指しで挑む哲学者です。

図1-4　エレア派（イタリア南部のポリス）の哲学者たち

紀元前6〜5世紀頃

パルメニデス
・エレアの法律制定者
・「ある、そしてないはない」
・自然の生成変化を否定

↓

紀元前5世紀頃

ゼノン
・パルメニデスの弟子（養子や恋人とも）
・「アキレスと亀」などのパラドックス
・現代でも解決法が議論されている

↓

紀元前5世紀頃

メリッソス（イオニア哲学とも）
・エーゲ海サモス島出身の軍人
・世界は「一なる全体」である
・形而上学の原点になる思索

第1章
【古代】自然哲学
vs 形而上学

第2章
【中世】キリスト教
ギリシア哲学 vs

第3章
【近代】自然世界
人間理性 vs

第4章
【現代】旧哲学
新哲学 vs

　パルメニデス哲学のポイントは２点あります。

　１つは、**「ある、そしてないはない」**という、**存在のテーゼ**です。これをパルメニデスは詩の形式で、神の言葉＝真理として語りました。もう１つは、**生成変化の否定**です。世界は絶えず動いているものだ（万物流転説）と私たちには感じられます。しかし、感覚から離れて論理的に考えれば、世界は変化しないという結論が出てきます。

 存在のテーゼ「ある、そしてないはない」

　パルメニデスの哲学は、「ある」と「ない」について、つまり存在についての哲学です。以下の説明は非常に重要ですから、ぜひ理解してください。

　まず、「ないはない」から考えてみましょう。ごく当然のことを言っていますよね。「ない」とは「存在しないこと」を意味するため、決して「ある」とはいえないからです。

　ところで私たちは今、「ない」について考えています。これは厳密にいえば、実はパルメニデスの言う「ない」ではありません。というのも、考えることができるものは、思考のうちに存在してしまっているからです。

　しかし、「ない」という言葉の意味を突き詰めれば、頭の中にさえ存在しないはずです。そのためパルメニデスは、**「ない」については「語ることも考えることもできない」**と言いました。

　一方の「ある」はどうかというと、「ある」ならば、少しも「ない」を含みません。なぜなら、まったく存在しないものが存在するものに作用や影響を与えることは、物理的にも論理的にも不可能だからです。

　これらの話を、パルメニデスは「同じものが、思惟され、存在する」と表現しました。言い換えれば、**存在するものは思考可能で、存在しないものは思考不可能**という意味です。

 生成変化の否定「世界は静止している」

　第２のポイントは、生成変化の否定です。生成とは、「ない」から「あ

る」への変化を指します。ですが、「ないはない」ため、「ない」状態から何かが変化することはありません。「ない」が何らかの作用を与えたり受けたりすることはありえないからです。また、消滅も同様です。「ある」は「ない」から影響を受けないので、「ある」から「ない」への変化も不可能です。

さらに、パルメニデスは「ないはない」に基づき、「運動」や「多」の概念なども否定します。運動するには場所が必要ですが、場所は「空虚」と見なされました。ギリシア語で空虚は非存在をも意味するので、場所（空虚）はありません。また、多も場所を必要としますから、多もありません。

こうしてパルメニデスは、**「ないはない」という論理１つで、私たちが生きている世界をすべて否定**しました。「ある、そしてないはない」という存在のテーゼは、生成変化を否定するという困った結論を導くものの、論理としてはこれ以上ないほど単純明快で確かなものとなりました。

 ## なぜ論理は感覚より正しいのか

とはいえ、これら２つのポイントは、理屈のうえにすぎません。そのため問題となるのは、パルメニデスの論理的な正しさが、生成変化という現象よりも正しいのかということです。言葉の理屈だけで、どう見ても観察・確認できる生成変化を否定して、得意になっているだけではないか。

これは、「アキレスは亀に追いつけない」などのパラドックスを語った弟子ゼノンにも同じことがいえます。パルメニデスやゼノンを理解するためには、こういうもっともな疑問に答える必要があります。その答えが、**思い込みの自覚と脱却**です。

存在のテーゼを真理とするならば、日々刻々と変化するこの世界は、虚偽といわざるを得ません。というのも、変化とは「ある」と「ない」が混じり合うことだからです。私たちは、この世界をふつうに「ある」と考えますが、パルメニデスの言う「ある」と同じ意味ではありません。**本当は「ある」とは言えないものを「ある」と見なしてしまう、その思い込みに気づきなさい**、というのがパルメニデスやゼノンの哲学の意義です。

第1章

【古代】
自然哲学
VS
形而上学

第2章
【中世】
キリスト教
VS
ギリシア哲学

第3章
【近代】
自然世界
VS
人間理性

第4章
【現代】
旧哲学
VS
新哲学

言葉によって真理にたどりつく

　私たちは、ふだんは「ある」と「ない」をごちゃまぜにした言葉遣いをしてしまっています。そして、いつも「ない」を考えてしまっています。

　しかし、パルメニデスのように問われれば、「ないはない」「あるとないは交わらない」といった言葉は、誰しもが理解できる論理であり、同時にその正しさを確信できるはずです。「ないはない」の正しさたるや、それが正しくないことがあってはならないという倫理性さえ含んでいます。

　つまり、**パルメニデスの哲学とは、人間が言葉を用いて自然や存在の真理に到達できることを示した哲学**です。いわば、言葉の力です。

　ヘラクレイトスは、自然は人間知性にはわからないと考えました。しかし、パルメニデスの言葉は、誰しもがその言葉のみによって真理だと確信できるほどの力を持っています。これが哲学の頂点といえる理由であり、その後の哲学の思考と発想の源泉となりました。

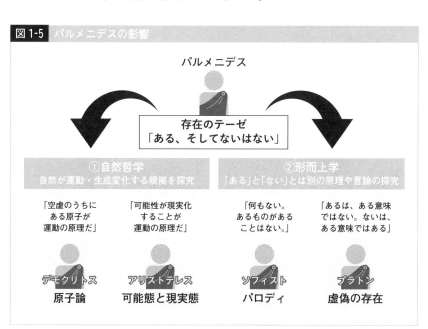

図 1-5　パルメニデスの影響

パルメニデス

存在のテーゼ
「ある、そしてないはない」

①自然哲学
自然が運動・生成変化する根拠を探究

「空虚のうちにある原子が運動の原理だ」

「可能性が現実化することが運動の原理だ」

デモクリトス
原子論

アリストテレス
可能態と現実態

②形而上学
「ある」と「ない」とは別の原理や言論の探究

「何もない。あるものがあることはない。」

「あるは、ある意味ではない。ないは、ある意味ではある」

ソフィスト
パロディ

プラトン
虚偽の存在

「いや、ないもあるよ」と 言った「笑う哲学者」

 原子と空虚のみが真実

　デモクリトスは、原子論者として有名です。自然哲学の 1 つである原子論の主張はいたってシンプルで、**「真実に存在するものは、原子と空虚のみ」**と考える哲学です。

　原子論は、近代科学の成立にあたり、大きな影響を与える役割を果たしました。現代の私たちにもなじみ深く、非常に重要な知識だとされています。**ファインマン**という有名な物理学者も、あるとき「未来の人類にたった 1 つの知識しか伝えられないとすれば、『万物は原子から構成されている』という言葉を伝えるだろう」などと述べたそうです。

 原子は物体であり数でもある

　原子は、古代ギリシア語で「アトモン」といいます。英語ではアトム、「分割不可能」という意味です。デモクリトスによれば、原子は「私たちには見えない微細なもの」といわれています。これは物理学の原子とは違います。肉眼では見えなくても電子顕微鏡なら見えるということではなく、どんな手段によっても観測されない「知覚不可能な物体」を意味します。**物体なのに知覚不可能という不思議なもの、それが原子**です。

　原子は単体では知覚不可能ですが、原子にはいくつかの形があります。それらが空間の中で互いに組み合わさることで、さまざまな物体ができあがっていると説明されます。

　ちなみに、このような原子は物体だと規定されてはいるものの、本質においてはむしろピュタゴラス的な数に近いともいえます。というのは、原

子論は自然のあらゆるものが、同じ１つのものから成り立っていると考えています。そして、形を除く一切の性質を排除して、原子という１つの抽象的な存在に還元する哲学だからです。実際アリストテレスも、「原子論者は、万物を数だと考えている」と説明しています。**自然哲学でありながら、形而上学にきわめて近い思想が、原子論**です。

 ## 「ないもまたある」は「空虚」のこと

デモクリトスは、パルメニデスに対抗して、「ないもまたある」と言います。この「ない」は、原子が運動する場所としての「空虚」を意味します。

この「空虚」とは、前節でも触れた通り、非存在のことです。パルメニデスは、場所は空虚（非存在）なのだから「ない」と主張します。しかし、空虚（空間）については、思考可能だというのがデモクリトスでした。

空虚（ない）は思考可能なので「ある」。そのため、原子論者は「ないもまたある」と述べます。空虚がある以上、運動もある。その運動によって世界は生成変化するのだ。これが原子論によるパルメニデス批判です。

原子論は、あらゆる存在の性質を考えのうちから捨て去り、原子に還元する思想ですが、**デモクリトスは「ある」と「ない」にさえ違いはないと述べた、非常に大胆な思想の持ち主**でした。パルメニデスの存在のテーゼをきっかけに、人間はこれほど斬新な発想ができるようになりました。

 ## 世界には目的や価値など存在しない

原子論は、「真実に存在するものは、原子と空虚のみ」という単純な思想から、自然の姿や人間の生き方を導きます。すべての存在は同質で、同じ規則を持ち、同じ運動をします。つまり、「必然」が支配する世界です。

このように**必然性を強調する理由は、世界には意志も目的もないことを主張するため**です。何らかの現象に特別な目的や価値を見出すような、私たち人間がやりがちな考え方を、原子論は否定します。

また、原子同士の違いは、場所や位置という関係だけです。この関係の

差が、多様な世界を作り出します。原子の運動による位置関係は無数に存在するため、原子論では無数の宇宙があると考えます。私たちのこの世界・宇宙が唯一なのではありません。

　ここから、**私たちの自己中心的・目的論的な世界観を宇宙規模で破壊するのが、「原子論」という哲学の意義**といえます。

 笑う倫理学「すべては思惑」

　デモクリトスは「笑う哲学者」とあだ名され、倫理（生き方）についての言葉をたくさん残しました。原子論と倫理は、一見関係がないように思われます。しかし、**すべてのものを等質なものと見なすという原子論の基本思想は、自然や宇宙は無限であり、人間が真に判断できるような善悪や目的などはないという倫理を語るもの**でもあります。

　デモクリトスは「私たちは真実について何も知らず、思惑があるのみ」と語りました。人間は、真に存在するもの（原子）を見ることはできません。また、善悪や優劣の判断は、すべて真実ではなく思い込みです。

　デモクリトスは、人間が思い込みから自由になれるとは考えませんでした。そこで彼は、**人間にとっての善として、「快活さ」という徳を挙げました**。真理を認識するという善が望めないものであるならば、せめて愉快な気分でいることが、害悪を避けるために有益だとしました。

 形を変えつつ現代に残る原子論

　デモクリトスの原子論は、のちのプラトンとアリストテレスによって批判されることになります。彼らは、原子論の世界観とは反対に、自然存在はそれ自体が善であり、善への目的があると考えたからです。

　また、後世の哲学の歴史では、原子論は「唯物論（物体のみがあり、魂や心などの非物体的なものは実在しないという考え）」として理解されました。唯物論は近代以降、1つの哲学的主張として重要な位置を占めます。近代フランス啓蒙主義や**カール・マルクス**などが代表的です。

哲学者によって葬られた知の巨人たち

 職業教師かつ公人

　ソフィストは歴史上初の職業教師といわれ、特定の個人の名前ではありません。主に若者に「弁論術」を教えることで授業料をもらっていました。代表的なソフィストは「徳の教師」を名乗る**プロタゴラス**です。

　弁論術とは、説得の技術のことです。言論で他人を説得できる能力は、政治や法廷の場で重宝されました。その技術を高く評価され、ソフィストたちは政治ブレーンや外交使節といった公人の領域でも活躍しました。

 ソフィストと哲学者の共通点は「論破」にあり

　しかし一方で、ソフィストは詭弁によって、相手を論破する技術を若者に教える不道徳な連中という悪い評判もあります。詭弁とは、一見正しそうに見えるが、実は誤っている議論のことです。ただ、**ソフィストは相手の論破が得意ですが、これは哲学者も同じ**です。哲学者だって、相手の論破が得意な、うさんくさくて信用ならない言論人に見えます。

　次節で登場するソクラテスも、多くの人々と対話しましたが、自分は何も知らないと言いつつ、相手を矛盾に追い込むことで有名でした。そのため、ソクラテスもソフィストの1人だと思われていました。ソフィストと哲学者は互いに似ていて、特に区別がなかったことがポイントです。

 「人間尺度説」は「存在のテーゼ」のパロディ

　以上を踏まえて、プロタゴラスの「人間尺度説」をご紹介します。
　「人間は万物の尺度である。あるものには、あることの。ないものには、な

いことの」という言葉が有名です。

　この言葉の意味は、相対主義や人間中心主義など、さまざまな説明がなされますが、ここではパルメニデスの「存在のテーゼ」のパロディという見方をしてみます。ここでいうパロディとは、パルメニデスの言葉をもじって、まったく違った意味にしてしまうことです。

「ある、そしてないはない」を真理と考えれば、われわれの生成変化する世界はすべて思惑であり、虚偽となります。

　しかし、私たち人間の視点では、万物はすべて思惑として「ある」と言うことも可能です。言い換えれば、「ある」と「ない」という真理については神が尺度ですが、万物という思惑については人間が尺度なのです。

　同時にプロタゴラスは、神々については知ることができないとも言います。このように、**私たちの世界から真理や神という、絶対的で唯一の尺度を否定・追放し、人間の多様な思惑こそが真偽や善悪といった判断の尺度なのだと考えるのが、プロタゴラスの人間尺度説**です。

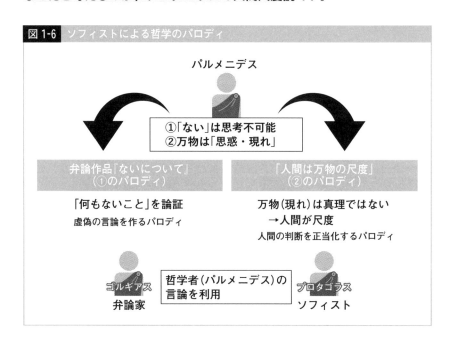

図 1-6　ソフィストによる哲学のパロディ

パルメニデス

①「ない」は思考不可能
②万物は「思惑・現れ」

弁論作品『ないについて』
（①のパロディ）

「人間は万物の尺度」
（②のパロディ）

「何もないこと」を論証
虚偽の言論を作るパロディ

万物（現れ）は真理ではない
→人間が尺度
人間の判断を正当化するパロディ

ゴルギアス
弁論家

哲学者（パルメニデス）の
言論を利用

プロタゴラス
ソフィスト

人間尺度説はソフィストの思想的基盤

　人間尺度説は、ソフィストの活動を支える思想にもなっています。なぜなら、人間が尺度であれば、絶対的な正しさや誤りは存在しないということになるからです。よくいえば、どんな考えにも正しい面はあるのだから尊重するという態度です。

　こういうと聞こえがいいですが、逆にいえば、正しさの尺度はいくらでも作り出せるということです。そして、いかにも正しそうな、もっともらしい言葉を作り出す技術こそが、ソフィスト自慢の弁論術です。

 ## ソフィストは言論の価値を失墜させる

　特にソフィストを嫌ったのが哲学者たちです。ソクラテス、プラトン、アリストテレスといった有名哲学者は、軒並みソフィストのことを一種の詐欺師だと論じました。なぜ哲学者たちがソフィストを攻撃したのかというと、言葉の価値や信用を失墜させると考えたからです。

　現代でいえば、ソフィストとは、実力と見識を兼ね備えた知識人・文化人にあたります。そんな有名人の言葉が、相手の論破や自分の評判を目的にしたものだとしたら、そもそも言論自体が信用できなくなるでしょう。

　また、もっと重要なことは、**人間が尺度になり、どんな言論でもある意味では正しいということになれば、その言論の正しさや誤りの吟味・検証ができなくなります**。これは絶対に正しい、これは絶対に間違っていると言えないならば、すべてが正しくなってしまいます。その結果、私たちができるのは、もっともらしい正しさを選ぶだけということになります。

　そこで、プラトンは、『ソピステス』という作品にて、ソフィストとは何者かについて、精緻な議論の末に、このように定義します。

　「ソフィストの技術とは、私的な短い議論によって相手を矛盾に追い込み、論破する言論の技術である。彼らは、自分が本当には真理を知らないことを承知しながら、自分が知者であるかのような見かけを作り出して若者を

あざむき、報酬をもらう者である」

　ソフィストにとっては不名誉な定義ですが、このプラトンの定義が広く定着し、ソフィストの歴史的評価も決定しました。それからソフィストという言葉は、知識人を非難するためのレッテルとして使われています。

哲学者が陥ったジレンマ

　このようにプラトンら哲学者たちがソフィストは虚偽の言論で人々をあざむく者だと規定したことで、いまだにその規定が定説になっています。

　しかし、だからといって哲学者が信用できるかといえば、決してそんなことはありません。なぜなら、このソフィストの規定が正当かどうかはわからないからです。仮に正当だとしても、ではそのようにソフィストを断罪する、哲学者とはいったい何者なのかという問題があります。

　哲学者とは文字通りには「知を愛する者」ですが、知を愛するとはいったいどういうことなのか、言葉で端的に規定することは難しいですね。なにせ、知者ではないけれども、無知な人々とも違うわけです。ある意味では、何者でもないような中途半端な人間です。

　哲学者は、知を愛しながらも、決して特定の知を持っているわけでもなく、知者としてふるまうわけでもありません。そして、上で規定されたソフィストとは異なる者として描かれます。

　この結果、哲学者は自分自身が何者であるのか、その規定が不明確になっているというジレンマに陥っています。この原因は、ソフィストとの違いをはっきりと線引きしたせいです。そして、プラトン以降、自らの知識によって生計を立てる哲学者が続出しました。つまり、哲学者と自称しながら、ソフィストの築き上げた経済生活の基盤に乗っかったのです。

　哲学の歴史においては、ソフィストは哲学者の前に敗れ去った詐欺師のように扱われています。しかし、**古代ギリシアで行われた哲学者とソフィストの区別は、現代でも哲学者の生き方や自己規定を問う、リアルな問題**です。

哲学者とは死刑を覚悟で対話する人のこと

 法の裁きにより刑死した

　ソクラテスはもっとも有名な哲学者で、アテナイ（アテネ）**市民として最初の哲学者**です。弟子のプラトンが、ソフィストとの対決で「哲学者とは何か」を示そうとしたとき、常に念頭にあったのがソクラテスです。ソクラテスはソフィストとして揶揄され刑死しましたが、**彼が哲学者であったことを語り伝えようとするものが、プラトンの一連の作品**です。

　ソクラテスは、「ポリス（国家）の信じる神々を信じず、新奇な神々を信仰し、若者たちを堕落させる」という嫌疑で告訴され、501人の市民裁判員たちによって、有罪・死刑判決を受けました。

 ソフィストだと思われていた

　ソクラテスはそれまでの哲学者のように、ものを書くことはなく、街の広場や運動場といった**公共の場で、若者たちや知識人と、面と向かって対話することを自らのスタイル**としました。

　議論が恐ろしく強く、ソフィストさえもやっつけてしまうことがたびたびあったため、若者たちの中にはソクラテスのファンも現れました。「目の前で誰かが論破されているのを見るのは、若者にとっては愉快だろう」と、ソクラテス本人も自身の活動にある種の娯楽性を認めています。また、彼は対話に謝礼や授業料を一切要求しませんでした。

　議論が強く、若者たちに何かを教えているように見えるソクラテスは、ソフィストと見分けがつかないように思われても不思議ではありません。

　また、哲学者が糾弾されるときは、不敬神という名目が定番でした。

善く生きるためには執筆ではなく対話

　ソクラテスは、自然や宇宙の探究や執筆には関心を示さず、**勇気や敬虔**<ruby>敬<rt>けい</rt></ruby><ruby>虔<rt>けん</rt></ruby>**さ、正義といった徳について、「それは何であるか」と、対話で直接に問いました。**「正義とはこれこれだ」という考えに、その人にとっての正義が現れるからです。

　言葉は考え方や生き方を示すものです。自分の考えを言葉によって正確に表現することや、自分の考えの矛盾や誤りがあれば、それを明確にして理解することが、よい生き方につながります。

　しかし、自分の考えや矛盾を言葉にして理解するのは難しいですよね。自分の間違いより他人の間違いのほうが、たやすく気づくものです。ここに、対話が哲学（よく生きること）の方法になる必然性があります。

　ソクラテスにとって哲学とは、学者が孤独な書斎で紡ぎ出す思考の営みではなく、知と生き方についての対話という、公共的な活動でした。

 哲学者とは、知と無知との「中間者」

　プラトンはソクラテスを中間者として描きました。抽象的な表現ですが、この中間者という言葉が、哲学者とは何かを象徴的に表しています。

　まず、**哲学者（愛知者**<ruby>愛<rt>あい</rt></ruby><ruby>知<rt>ち</rt></ruby><ruby>者<rt>しゃ</rt></ruby>**）は知者ではなく、無知者と知者の中間にいる者**です。ソクラテスはいわゆる「無知の知（不知の自覚とも）」という言葉で有名です。「知らないことをその通り知らないと思っている点で、自分が知らないことにさえ気づいていない人よりも知恵がある」という意味です。

　しかしソクラテスは、根本的には神と人間とを対比しています。神の知に比べれば、どんな賢い人の知も無に等しいと言いたいのです。「無知の知」には、プロタゴラスの「人間尺度説」への反論という意義もあります。人間が知の尺度になることなど、断じてないということです。

　また、ソクラテスはダイモーン（守護霊）という存在のことを、たびたび口にしていました。ソクラテスが何かをしようとすると、それを止める

存在がいたようです。ダイモーンは、神と人との中間者です。また、知においても**「何をすべきかは教えないが、何をすべきでないかは教える」という知者（神）と無知者（人間）の中間者**といえます。

神と人、知者と無知者という対比がなされ、その中間にいるのが愛知者（哲学者）です。ここには、ギリシアにおける生き方の理想像「神に似た者」という構図があり、プラトンはソクラテスをそのように描いています。

 ## 人間には得られない知の探究を求めた

正義とは何か、善とは何か。ソクラテスは、あらゆる正義や善に当てはまるような単一の規定を求めました。それを知っている者がいるとすれば、真の知者、神的な者以外にはありえません。

ソクラテスの問いには終わりや結論はなく、絶えざる吟味と自己批判が必要とされます。人間的な知を超えた普遍的な知の探究。**人間レベルの尺度ではなく、神レベルの尺度の探究。**それがソクラテスの哲学でした。

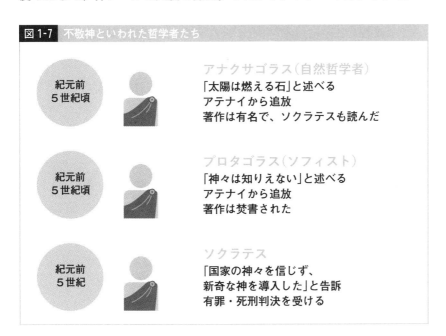

図1-7　不敬神といわれた哲学者たち

アナクサゴラス（自然哲学者）
紀元前5世紀頃
「太陽は燃える石」と述べる
アテナイから追放
著作は有名で、ソクラテスも読んだ

プロタゴラス（ソフィスト）
紀元前5世紀頃
「神々は知りえない」と述べる
アテナイから追放
著作は焚書された

ソクラテス
紀元前5世紀
「国家の神々を信じず、新奇な神を導入した」と告訴
有罪・死刑判決を受ける

第1章
【古代】
自然哲学
vs
形而上学

第2章
【中世】
キリスト教
vs
ギリシア哲学

第3章
【近代】
自然世界
vs
人間理性

第4章
【現代】
旧哲学
vs
新哲学

「イデアのほうこそ現実だ」 西洋哲学ここに始まる

 誰もがある意味で認めるナンバーワンの哲学者

　プラトンは西洋哲学史上、最大の影響力を持つ人物です。どれくらい影響力があるかというと、私たちは学校で数学を習いますが、これはもとをたどればプラトンが提案したからだ、というほどの影響力です。

　また、哲学にはさまざまな言葉がありますが、「観念」「アイデア」「理想」といった言葉は、すべてプラトンの「イデア（idea）」が語源です。

　プラトンは哲学史上だけでなく、私たちの生活や教育、そして文化の基盤にもなった偉大な哲学者です。

 プラトン哲学の特徴

　自然哲学と形而上学の区分でいえば、プラトンは形而上学の側の哲学者です。**自然哲学はプラトンによって、形而上学の支配下に置かれました。**『法律』という晩年の作品で、プラトンは「自然」という言葉の意味を取り上げます。いわく「自然哲学者たちは、自然の意味を取り違えている」と。彼らは自然を物質的なものと考えているが、物質とは動かされるものであり、そのような客体的・受動的なものが第一の自然ではありえない。むしろ、それら物体を動かすものが第一の自然と呼ぶべきものだ。それらは非物質的なもの、すなわち魂であり、魂こそが自然と呼ばれるべき第一のものである。このように述べました。**自然を物質的なものから非物質的なものへ転換したことが、プラトン哲学の特徴**です。

　それと同時に、言葉の意味を根底から変えてしまうのもプラトン哲学の特徴です。「自然」の意味を変えたばかりではなく、「現実」や「神」、「正

義」、「善」といった言葉の意味まで変えてしまいました。彼の哲学は、**言葉の意味を根本から問い直すことで、世界のあり方や見え方を一新する力を持つものです。**そのプラトン哲学の中核が、イデア論です。イデアは世界の見え方を一新する考え方でした。

第1章
〔古代〕
自然哲学
vs
形而上学

第2章
〔中世〕
キリスト教
vs
ギリシア哲学

第3章
〔近代〕
人間理性
vs
自然世界

第4章
〔現代〕
新哲学
vs
旧哲学

イデアとは世界や言葉を成立させる根拠

イデアとは、現象の根拠にある、それ自体は直接知覚することのできない、普遍的な存在を指します。プラトンは「イデアが、この世界や私たちの言葉を成立させる根拠である」と考えました。

たとえば、目の前に花があり、美しいと感じたとします。イデア論では、花のイデアと美のイデアがあると考えます。**目の前の花は、花のイデアによって花であり、美しいのは美のイデアによって美しいのです。**

ずいぶんと回りくどいですよね。しかも、イデアがあると考えたところで、目の前の花がいっそう美しく感じられるようになったりもしません。ちなみに、プラトンの弟子アリストテレスはイデア論が大嫌いで、「煩わしいだけの無意味な二重化にすぎない」と痛烈に批判しています。

美しいものはイデアによって美しい

ではどうしてプラトンは、イデアなんてものを持ち出したのでしょうか。その理由は、プラトンの言葉で言えば**「現象を救う」ため**です。目の前の花やその美しさは、イデアによって存在する。そう考えてはじめて、私たちは目の前にある美しいものを、美しいと言えるようになります。

どういうことか、順を追って説明します。

まず、プラトンは現象世界について、ヘラクレイトスの言う通り万物が流転することを認めました。自然は変化します。「同じ川には二度入れない」と言われたように、同じものは何もありません。つまり、「この花は美しい」と感じたとしても、花はいつか枯れて、花でないものに変わります。美しさもなくなるでしょう。

また、花の美しさの理由は、形や色などさまざまに挙げられますが、どれも決定的ではありません。自分はその形が美しいと感じても、そうは感じない人もいるでしょう。ほかの理由も、すべて同様です。

　すると結局、美しさを感じるかどうかは、人それぞれということになります。その人には、たまたま美しく見えたにすぎず、すべてがある意味では美しいし、ある意味では醜いとなるでしょう。そもそも何をもって美しいとするのかも、人それぞれとなるでしょう。

 ## 「感じ方は人それぞれ」を断固拒否

　人それぞれというのは、私たちにとっては特に違和感のない考え方かもしれませんが、プラトンは断固拒否しました。美しいと感じるものが人によって違うのだとしたら、美しいという言葉自体が無意味になるからです。たとえ「何を美と感じるかは人それぞれだ」という言葉に違和感はなくても、「何を花と感じるかは人それぞれだ」という言葉は奇妙に感じるでしょう。この場合は、花という言葉自体が無意味になります。

　プラトンのイデアは、ここがポイントです。花などのものの名前の意味が人によって違ったら困りますよね。さらに、**「美しい」「善い」「正しい」といった、何らかの価値を意味する言葉も、人によってその意味合いがコロコロ変わったら困ります**。実際、世の中の多くの争いは、何が正義か、何が善かの食い違いが原因でしょう。

　もしも、真・善・美に何の根拠もなければ、その争いで勝つ側は、ただ力の強いものです。否、そうであってはならない。「力こそが正義」の世の中であってはならないとすれば、真・善・美には根拠が必要です。このように**プラトンのイデア論は、形而上学であると同時に、政治的でもあるの**です。この根拠の定立が、プラトン政治哲学の基本的な目的です。

 ## 「美しい」と「醜い」は交わらない

　では、どう考えれば「この花は美しい」という言葉に根拠を与えられる

のでしょうか。プラトンは「美しい」という言葉そのものに注目しました。「美しい」という言葉には、決して「醜い」という意味が混じらないと彼は考えます。「醜い」という意味が入れば、それはもう「美しく」はない。これはパルメニデスの「ある」と「ない」の関係とまったく同じです。

　美醜だけでなく、正義と不正、善と悪も同じ関係です。ほかにも「大きい」や「熱い」という言葉で考えてもいいでしょう。「大きい」「熱い」という言葉に、「小さい」「冷たい」という意味は決して含まれません。

　以上の例は、それぞれ美のイデア、大のイデア、熱のイデアです。美しいものは美のイデアによって美しい。大きいものは大のイデアによって大きい。熱いものは熱のイデアによって熱いのだと説明します。

　このように、**美しいものや大きいもの、熱いものに、人それぞれの感覚とは異なる、普遍的な根拠を与えること。それがイデアの果たす役割です。**ソクラテスの普遍的な知の探究は、弟子プラトンにおいてイデアとして結実しました。

第1章
〔古代〕自然哲学 vs 形而上学

第2章
〔中世〕キリスト教 vs ギリシア哲学

第3章
〔近代〕自然世界 vs 人間理性

第4章
〔現代〕旧哲学 vs 新哲学

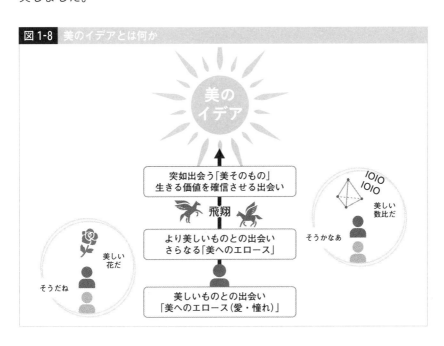

図 1-8　美のイデアとは何か

美の
イデア

突如出会う「美そのもの」
生きる価値を確信させる出会い

飛翔

より美しいものとの出会い
さらなる「美へのエロース」

美しいものとの出会い
「美へのエロース（愛・憧れ）」

美しい
花だ

そうだね

IOIO
IOIO

美しい
数比だ

そうかなあ

イデアが現実であり、この世界の根拠

　プラトンは、**私たちの生きる世界は、イデアの影や模造品**だと言います。イデアは純粋なあり方で、いわば白黒はっきりしています。それに対してこの世界は、いろいろなものが混ざり合う、グレーの世界です。

　つまりプラトンは、この世界の根拠がイデアにあると見立てて、**「イデアが私たちの世界の根拠である」＝「イデアのほうこそが現実だ」**と主張したのです。この世界のさまざまなものについて、私たちが「ある／ない」「美しい／醜い」「善い／悪い」と語れるのは、イデアが存在し、それぞれの言葉の意味を担っているからです。

 美そのものを求めるのが哲学者の生き方

　最後に、美のイデアがほかのイデアと比べて、哲学者としての生き方を導く、特別な意味を持つことを紹介します。**美は正義などと違って、視覚でとらえることができます。**その点で、私たちの強烈な憧れをかきたてます。

　実際、私たちはさまざまな美しいものを愛し求めます。しかし、さまざまな美しいものを成り立たせる、**美の本質（美そのもの）を愛し求める人はきわめて少ない**と、プラトンは言います。

　私たちは、美を愛し求めるほどに、今まで美しいと感じていたものが相対化され、取るに足らないものと感じるようになります。それはより美しいものを愛し求める過程で生じるものです。

　美的体験を重ねていくほどに、私たちはより大きな、あるいは普遍的な美に出会うことができます。また、感覚的な美（身体）から、知性的な美（学知）を愛し求めます。その過程で、突如として、美そのものに出会います。ここで人生とは、まさに生きるに値するものとなるといわれます。

　このように、**感覚的な世界から距離を取り、イデアとの出会いを憧れ求めるあり方が、哲学者の生き方**です。プラトンは、美的体験を美のイデアとの出会いとして語ることで、愛知の精神をかきたてる哲学者です。

「あらゆる学問は、余の前にひれ伏せ」王者の哲学

 ## 哲学を「王者的な知」と呼んだ博学者

　アリストテレスはギリシアの北方スタゲイラの生まれで、プラトンの学園アカデメイアに20年ほど在籍した、プラトンの直弟子です。また、かの有名な**アレクサンドロス大王**の家庭教師をしたといわれています。

　アリストテレスは、「哲学とは王者的な知である」と述べ、諸学問の頂点に自らの哲学を置きました。そのため彼は、**哲学界におけるアレクサンドロス大王**ともいえるでしょう。大変な博学で、まさに愛知の精神に突き動かされた人物です。その愛知の精神の発揮の仕方も、王者的です。**アリストテレスは、幅広い分野について膨大な情報や先行学説を収集し、それらを批判的に吟味検討したうえで、自らの総合的な結論を打ち立てています。**

　ちなみに、**斎藤忍随**（さいとうにんずい）という研究者がおもしろい評価をしており、アリストテレスは「他人の思想の欠陥ならば、決して見逃しはしない」そうです。王者として、過去の知の欠陥を整備し、自らが知の頂点に君臨した大哲学者。それがアリストテレスという人物です。

 ## 王者的な知とは原因と目的に関する探究

　王者的な知とは、原因と目的に関する知です。この「知」は、職人的な知と対比されます。職人的な知とは経験に属し、「原因はわからないが、こうすればうまくいく」という知識です。つまり、なぜそうなるのか言葉では説明が難しい、コツのようなものが職人の知です。それに対して**王者的な知とは、なぜそうなるのかの原因を知る理論的な知**です。

　そして**哲学は、「自然の第一の原因や目的について探究する学問」**です。

53

万物の原因や由来を知る学問が王者の学であり、アリストテレスの哲学は原因の探究から始まります。彼は、これまでの哲学者たちが万物の原因として語ってきた事柄をすべて検討し、いずれの説も部分的には正しいが、全体像をとらえていないと評価します。

アリストテレスは、**万物の原因についての全体像は「四原因」にまとめられる**と提唱しました。これは、アリストテレスのもっとも重要な著作『形而上学』の第1巻で論じられている事柄です。

 ### アリストテレスの根本思想①「四原因説」

四原因説はあまりにもよくできているため、アリストテレスは過去の知者たちの考えを、すべて四原因説に基づいて整理します。ここにアリストテレスの学問のスタイルが、よくも悪くも表れているので紹介します。

アリストテレスは、事物の原因を1つではなく4つに規定しました。それぞれ、「目的因・質料因・始動因・形相因」と呼ばれます。

ミロのヴィーナスのようなギリシア彫刻を例に取れば、**目的因とは、彫刻を制作する目的や動機**です。**質料因とは彫刻の材料、始動因とは**質料を形相へと導くもので、**彫刻家の制作行為**です。**形相因とは、それがヴィーナスの彫刻だとわかるもの、つまりヴィーナス（ギリシャ名はアプロディーテー）の形**です。

この四原因説の正しさの証拠として、アリストテレスは過去の哲学者たちによる万物の始源についての学説を、四原因説に当てはめます。

彼らは万物の始源とは何かという問いを立てました。たとえばタレスなら水、アナクシメネスなら空気です。それをアリストテレスは、彼らは質料因について述べているのだと解説します。

実際には、タレスの水やアナクシメネスの空気は、質料（物質）に還元できるものではありません。しかし、アリストテレスは彼らの学説を四原因説の1つによくも悪くも無理やり当てはめました。それだけ四原因説がとても優れた考え方だからです。

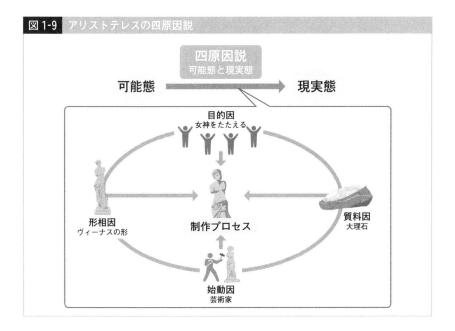

図 1-9　アリストテレスの四原因説

四原因説
可能態と現実態

可能態　→　現実態

目的因
女神をたたえる

形相因
ヴィーナスの形

制作プロセス

質料因
大理石

始動因
芸術家

第1章
［古代］
自然哲学
vs
形而上学

第2章
［中世］
キリスト教
vs
ギリシア哲学

第3章
［近代］
人間理性
vs
自然世界

第4章
［現代］
新哲学
vs
旧哲学

　というのも、四原因説は、その場限りで応用の利かないアドホックな説明ではなく、ほかの諸学においても幅広い応用が可能な理論だからです。水や空気という世界を構成する１つの原因を挙げるよりも、四原因説という考えのほうが優れた説明である。そういう確信から、アリストテレスは初期ギリシアの哲学者たちの優れた思想を、自らの理論のうちに収めてしまいました。

 運動をめぐるエレア派との対決

　その理論をほかにも応用・展開できるかという視点は重要で、アリストテレスの四原因説やそのほかの理論は、その点で非常に優れています。

　その例として、エレア派との対決を見てみましょう。**エレア派（パルメニデス・ゼノン・メリッソス）は自然の生成変化や運動を否定しました。**

　生成変化とは「『ない状態』から、『ある状態』が生じる」ことであり、「無から有は生じない」という根本的な論理と矛盾します。なぜなら、無か

ら有が生じるのだとしたら、その無には「有を生じさせるような何かがある」ことになり、それはもはや無とはいえないからです。

この強力な議論について、アリストテレスは次のように宣言します。「**エレア派の主張は、論理的には可能かもしれない。しかし、もしもその論理を世界の事実として主張するならば、それは狂気の沙汰である**」と。

とはいえ、「ないはない」という論理そのものは動かしがたい真理であるため、エレア派をきちんと論理的に否定することは困難です。

 ## アリストテレスの根本思想②「可能態と現実態」

そこで、王者アリストテレスは、「質料と形相」「可能態と現実態」という概念を利用します。

「質料と形相」は、四原因説の中でも説かれていました。**質料とは素材になるもので、形相とは素材に形を与えるもの**です。

形相があってはじめて、質料はそれ自体が何であるかを体現することができます。質料の例によく出される木材にしても、「直方体の木」という形相が与えられることで、木材として認識されます。何の形相も与えられていない質料というのは、論理的にはありえても、現実には存在しません。つまり、**自然存在とはすべて質料と形相の混合物です。**

もう1つの「可能態と現実態」は、アリストテレスが創造したオリジナルな概念です。私たちが日常で使う「可能性」という言葉の由来です。ポテンシャルという言葉も、潜在的な可能性といった意味ですよね。

可能態（可能性）とは、「いまだ現実として存在してはいないが、潜在的には存在するもの」です。一方、**現実態とは、「可能性が現実として存在するようになったもの」**です。

先ほどの例でいえば、質料は単なる可能態にすぎず、直方体の木という形相を与えられて現実態（木材）となります。質料と形相の混合物とは、可能態が現実態になったものです。

以上を整理すると、質料は可能態に対応し、形相は現実態に対応します。

ちなみに、ギリシア人はあらゆる物事を比例的・類比的にとらえる思考方式を持っており、「質料：形相＝可能態：現実態」のように表現します。

 無は「可能的には」ある

これらの概念によって、アリストテレスは生成に関する難問の解決を試みます。生成とは、まったくの無から生じるわけではなく、いまだ現実態となっていない可能態から生じるものです。可能的存在が、何らかの形相を与えられて、現実の存在として生じるという理論です。

まったくの無とは論理的にいえるだけで、現実に存在するものの生成や運動を否定できるものではありません。**可能的存在は、現実的存在としてはいまだ非存在ですが、確かに「ある」のです。**

そのため、エレア派が「ないはない」というテーゼから、生成変化や運動を否定するのは誤りだと彼は考えました。

このような流れで、**アリストテレスは「自然は生成変化し運動する」という理論を確立**しました。こうしてはじめて、自然の第一の原因、つまり運動の始源の探究ができるようになります。その学問こそ、王者の学としての哲学です。

 自然の第一の原理「不動の動者」

自然の第一の原理は、「不動の動者」といわれます。運動には始まりがなければならず、動いている存在は必ずどこかの時点で動かされています。この運動の原因をたどると、無限の因果関係が想定されてしまいますが、アリストテレスは無限もまた論理的に考えられるだけで、現実には存在しないものだと規定しています。

運動が現実に存在している以上は始まりがなければならず、その始まりは「自らは動かずに、ほかのものを動かすもの」と規定されます。これが第一原因としての不動の動者の規定です。

では、なぜ不動の動者は動かないのか。それは、不動の動者は自然を超

えた存在であり、質料（動かされる要素）を持たないからです。あらゆる自然存在は質料と形相の混合物ですが、**自然を超えた存在は、自然存在と同じ存在の仕方をしていません。不動の動者は、純粋な形相として存在しており、質料を持つ自然存在のように動かされることはありません。**

人間の最大の喜びは「知ること」

「人間は生まれつき知ることを欲する」という、アリストテレスの有名な言葉があります。これは、知ることを喜びとするという意味です。知識にもいろいろありますが、どんな知識がもっとも大きな喜びになるのかといえば、自然の第一の原因の知、すなわち哲学の知です。

　不動の動者は、自然の第一の原因の知です。**哲学を学び、私たちの存在の由来を知ることが、人間にとって最大の喜びと彼は考えました。**

　また、「存在」についての考察は、哲学の最重要テーマです。アリストテレスはパルメニデスに逆らい「存在はさまざまな意味で語られる」と述べます。パルメニデスの考察は「ないはない」が中心にありました。つまり「ない」にフォーカスした考察です。対してアリストテレスは「ある」にフォーカスし、存在が持つ豊かな意味や世界の解明を試みました。彼によれば、「ある」の問題だけを、ひたすら探究することが哲学なのです。

中世でよみがえるアリストテレス

　ギリシア世界に対する王者アリストテレスの影響は、意外に小さいものでした。彼の学園リュケイオンは、師プラトンのアカデメイアほどには長く続かず、有力な後継者も現れませんでした。これは、アレクサンドロス大王の事情と似ています。アリストテレスの哲学もまた、中期ストア派に一旦継承されたのち、長らく忘却されることになります。

　しかし1000年以上の時を経て、アリストテレスは**中世の知的世界で、圧倒的権威として復活**します。哲学者という一般名詞が、アリストテレスを意味するほどになり、その博学により「知者たちの師」ともあだ名されます。その詳細は、中世の章で語ることにしましょう。

あなたの肉体は「あなた」ではない！？

第1章
【古代】自然哲学 vs 形而上学

第2章
【中世】キリスト教 vs ギリシア哲学

第3章
【近代】自然世界 vs 人間理性

第4章
【現代】旧哲学 vs 新哲学

 文明の中心がアテナイではなくなった時代

　ストア派は、「ヘレニズム時代の哲学」といわれる哲学学派の１つです。ほかの学派にはエピクロス派と懐疑派があり、順に解説していきます。

　ゼノンはストア派の開祖であり、アジアにほど近いキュプロス島の出身です。彼はギリシア人ではなく、フェニキア人と呼ばれていました。

　ストア哲学は、「賢者」という理想の生き方を目指す実践的な哲学です。ストイックといわれる禁欲主義的な考え方は、ストア派に由来します。

　この学派が理想とする生き方とは、「自然に従って生きる」ことです。あらゆる自然存在は、ロゴスを宿しています。ロゴスはヘラクレイトスの節でも出てきましたが、ストア派では主に「世界の原理」という意味で使われます。植物、海、山、宇宙や人間も含めて、すべて根源的には同一です。

　自然はすべて、ロゴスが何らかの形で現れたものです。そういう考えから、自然に従う生き方とは、ロゴスに従う生き方とされました。このような壮大な世界観から、理想の生き方が導き出されています。

　「哲学は生き方である」というのが本書の哲学観ですが、**ヘレニズム時代の哲学では、まさに人間の生き方が中心的な関心事**でした。

 3つの時代と3つの学問

　ストア派は初期・中期・後期に分かれ、**おおむね初期はヘレニズム時代、中期は**共和政ローマ**の時代、後期は**帝政ローマ**の時代**です。ストア派の有名な哲学者は、**セネカやローマ皇帝マルクス・アウレリウス**ですが、彼らはいずれも後期ストア派に属します。一方、初期と中期のストア派哲学者

の著作はほとんど残っておらず、初期ギリシアの哲学者たちと同様、断片的な言葉が伝わっているだけです。

　また、**ストア派は哲学を**論理学・自然学・倫理学**の３つに分けました**。論理学は物事を正しく把握・認識するため、自然学はロゴスとしての自然の働きを探究するため、倫理学は人間が自然に適った生き方、つまり徳ある生き方とはどんなものかを探究するための学問です。

不動心とは煩わしさからの解放

　ストア派の理想の境地は、「アパテイア（無感情）」といわれます。もちろん人間は感情を持ちますから、完全に無感情になることはありません。しかし、感情は不意に抑制が利かないほどに大きくなります。そうした大きな感情が「情念」といわれ、理性的なあり方とは反対の、非理性的なあり方だと考えられました。

アパテイアとは理性に従い情念を持たず、心の煩いから解放されている

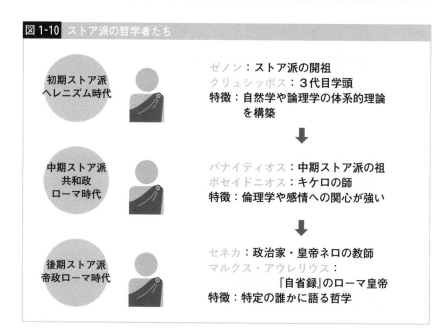

図1-10　ストア派の哲学者たち

初期ストア派
ヘレニズム時代

ゼノン：**ストア派の開祖**
クリュシッポス：**３代目学頭**
特徴：**自然学や論理学の体系的理論を構築**

中期ストア派
共和政
ローマ時代

パナイティオス：**中期ストア派の祖**
ポセイドニオス：**キケロの師**
特徴：**倫理学や感情への関心が強い**

後期ストア派
帝政ローマ時代

セネカ：**政治家・皇帝ネロの教師**
マルクス・アウレリウス：
『自省録』のローマ皇帝
特徴：**特定の誰かに語る哲学**

自由な状態を指します。ストア派の考えでは、自然は理性そのものですから、理性的なあり方こそ自然に従った徳ある生き方とされたのです。

 ## 論理と自然の根底にあるロゴス

　ストア派の世界観は、万物は物質であるという唯物論です。万物は物質でありながら、ロゴスを宿すものです。物質であり、ロゴスであるという同一性が、物事の認識の根拠です。私たちがものを認識し、真偽を検証できるのは、そのものと私が根源的には同一の存在だからです。

　このような自然哲学から、論理学（認識論）の根拠や、自然に従って生きる倫理学の根拠が導かれます。**論理学・自然学・倫理学が密接な関係にあるのが、ストア哲学の特徴**です。アリストテレスはたくさんの学問を打ち立てましたが、ストア哲学ほどには、それぞれの学が不可分な関係にあるわけではありませんでした。

 ## 「自分」といえるのは意志だけ

　ストア派で特に重視されたのは倫理学です。情念から解放され、自然に従って生きるにはどうすればいいのか。それは、自分の持ち物を捨てて、自分自身のみで生きることです。財産や所有物はもちろん、自分の肉体も持ち物にすぎません。驚くべきことに、生命さえも自分のものではありません。100％思い通りにならないものは、私のものではないのです。

　では、自分の持ち物とはいったい何か。それはずばり、自分の魂だけです。魂の働きとは、表象（感じたことや思われたこと）に同意を与えるか与えないかの決定です。表象は受動的であるため、自力でコントロールはできませんが、それに同意するかどうか、つまり真と認めるか否とするかは自分自身の「選択意志」によって決定できるといえます。この**魂の能動性は、自然が人間に与えた理性のもっとも神的な部分**です。

　このように、**身体や生命まで含めたあらゆるものを自分ではないもの、自分とは何の関係もないものと考え、自らを純粋な精神的存在に作り上げよ**

うとするのがストア派の生き方です。

 ## 境遇は自分の本質とは無関係

「コスモポリタニズム（世界市民主義）」は、ストア派が論じた有名な概念です。自然は全体として1つの理性であり、すべての存在は自然宇宙という1つの共同体に帰属するという考え方です。法学の分野における「自然法」はストア派由来といわれ、似たような発想が見られます。

　こうした発想からは、個別よりも普遍を本質とする考えが見て取れます。つまり、**たまたま与えられている個別的な境遇は、私たちの本質とは関係がないという考え**です。たとえば「置かれた場所で咲きなさい」という言葉がありますが、「置かれた場所と私たちはなんの関係もない」というのがストア派です。

　余談ですが、マルクス・アウレリウス皇帝の『自省録』は、多くの覚書をしたためた書物ですが、こんな話があります。皇帝はどうも早起きが苦手だったようで、「人間の務めを果たすために私は起きるのだ」と自分に言い聞かせていました。これは個人の思いを優先せず、「自分は自然の一部であり、普遍的な存在としての義務を優先する」という殊勝な心がけです。

 ## 生きる知恵として読まれ続けたストア派

　ストア派は主にローマ人キケロとセネカによる影響で、後世でも非常によく読まれました。特に、**ルネサンス時代から近世のモラリストの時代に愛読され、現代でも「よく生きる」という側面で哲学に関心を持つ人たちに人気があります。ペトラルカやスピノザはストア派の愛読者です。**

　その反面、学術研究の対象としてはやりにくさがあるようです。そのため、プラトンやアリストテレスに比べて評価が低いのですが、ストア派もその自然学に見るように、ヘラクレイトス以来の古代ギリシア哲学の豊かな蓄積の上に、スケールの大きな世界観を提示した学派でした。

哲学史上最大の嫌われ者

 「心の平静」を目指した快楽主義者

エピクロスは、快楽主義者の原子論者として有名で、その理想の生き方は、「アタラクシア（心の平静）」を保つことでした。彼はたくさんの作品を書いたといわれますが、現在残っているのは学友宛の手紙が3通と、教説の要点の箇条書きのみです。

エピクロスは同時代からも後世からも、誹謗中傷の的となった人物で、「エピキュリアン」という快楽におぼれる自堕落な人間を意味する言葉まで生まれたほどでした。しかし**彼の求める快楽とは、どんな欲望でも思いのままに満たすことではなく、節度ある欲望を求めること**です。さらにその節度は恐ろしく厳しいもので、私たちの感覚からすれば、ほとんど禁欲主義です。パンと水だけ食べて満足するような生活ですから。

にもかかわらず、後世からひどく批判を受けた、気の毒な哲学者です。

 エピクロスが嫌われた2つの理由

エピクロスがなぜそれほど嫌われたかというと、快楽主義と原子論という2つの思想が、世俗的で無神論的（不敬神）に思われたためです。

まず快楽主義についてですが、エピクロスは「あらゆる善の根源は、胃袋の快だ。知的な善もこれが起源だ」と言い、この発言は全方向から非難の的になりました。当時知性とは、少なくともその一部は外から入り込んだ神的なものであり、動物と人間とを区別する決定的な指標だと考えられていました。そのため、**人間知性を小馬鹿にしたエピクロスは、人間性と神々をも愚弄したと見なされた**のです。

原子論のほうは、デモクリトスの原子論とほぼ同じです。世界は原子と空虚のみであり、目的も意志もなく、必然的な運動にすぎません。また、**この世界は唯一ではなく、無数にある世界の１つであるという考え方**です。

原子論によれば、神々も原子ということになります。**エピクロスは無神論者ではありませんが、神々が世界に介入しているという考えを否定**しました。神々とは、無数に存在する宇宙の中間世界に住み、原子の運動の必然性をまぬかれた至福の存在とされます。文字通り住む世界が違うため、われわれの世界との関係を持ちません。

このような事情から、エピクロスの思想は、哲学的にも宗教的にも攻撃されました。彼を非難することは、むしろ正義に適う行為であるという雰囲気すら醸成されていました。

 ## 苦しみを取り除く清廉潔白な生き方

ところで、エピクロスの人となりはどうだったかというと、誰も彼にまさる人間はいないほどの人格者でした。欲深さのかけらもなく、わずかなものでこのうえなく満足し、友情に厚く、常に穏やかで上機嫌でした。彼は欠乏を感じないことを上回る豊かさはないと考え、「パンと水さえあれば、中間世界の至福な神々とも幸福を競い合える」と言いました。

エピクロスのいう快楽とは「苦痛のない状態」を指し、過剰な刺激を受けていない状態を意味します。また、快楽も過剰になると後で苦痛を引き起こすので避けるべきだとしました。そのため、特に快でも不快でもない、平常な状態こそが最善だと考えられています。

エピクロスの思想を一言で表現するなら、**あらゆる苦しみを取り除く哲学**といえるでしょう。苦痛の除去によって静かな心地よさを実現する。それが「心の平静」であり、彼自身それを体現していました。

歴史上もっとも非難された哲学者は、もっとも清廉潔白で、穏やかな生き方をした人物でした。エピクロスを非難するものは、果たしてエピクロスよりも生き方において立派だったのでしょうか。

目の前の崖も無視する ガチ懐疑主義者

 「確かなものは何もないと思われる」

ピュロンはヘレニズム哲学の一派「懐疑派」の祖です。

懐疑主義の哲学は大変わかりやすく、**「絶対に正しいといえるものは何もないと思われる」** という考えです。「何もない」ということも絶対ではないため、「私にはそう思われる」と念入りに付け加えるのが重要です。

懐疑主義の哲学的関心は、人間の認識能力の考察にあります。「人間は物事を正しく認識できるのか」がテーマです。この問題について懐疑主義は、「確実には認識できない」と考え、その根拠の考察は「懐疑主義の十の方式」としてまとめられています。

 自明に見える事柄にも同意しない

懐疑主義の本質は「判断保留」、何事にも同意を与えないことです。たとえば「ここに石ころがある」など、一見自明な事実に思えることでも、「これは事実ではなく、私にとってはそう見えるという印象にすぎない」と、完全な同意は控えます。

まわりくどい言い方をするようですが、ピュロンの狙いは悪に陥ることへの予防です。ここでの悪とは、誤った考えや事柄に同意することです。

人間はできる限り正しく考え、正しい事柄に同意すべきです。しかし、それができない場合、誤った事柄に同意するくらいなら、判断を保留して何にも同意しないほうが、まだよいといえます。そして**ピュロンによれば、誰も自分の考えが正しいかどうかはわからないため、常に判断保留することが最善です。**

さらに、この判断保留が「心の平静」をもたらすと言います。自分の考えが正しいかわからず、誤った考えを抱く可能性にいつもさらされている状態よりは、判断保留の状態のほうが安定しているという理屈です。

懐疑主義者なのに言行一致

懐疑主義の祖ピュロンは、日常生活でも判断保留を徹底的に実践したそうです。ある逸話によれば、彼は目の前に馬車が来ようが崖があろうが、避けることなく平然と歩いたとのことです。付き添いの友人たちが、ピュロンの身の安全に配慮していたほどでした。

ここには、**言行一致への異常な執着**が見て取れます。言うこととやることが違うという、いわゆるダブルスタンダードは、いつの世でも非難されるものです。誰しも、ある程度は本音と建前を分けて生きていますが、ピュロンはそこを一切妥協せず、言行一致を貫きました。

ふつう言行一致とは、ある考えにコミットして、それを貫くことです。しかしピュロンの場合、そのコミットする思想が懐疑主義であるというのがユニークです。どんな考えにもコミットしないという思想にコミットして、それを貫くという、自己矛盾的なあり方が純粋に徹底されます。

犬に驚いたことを非難されたピュロン

ピュロンの言行一致の生き方がよく表れているのが、犬の逸話です。

あるとき、犬がとつぜんピュロンに飛びかかりました。これにはさすがのピュロンも慌てふためき、一説では木によじ登って逃げたそうです。そこで周りの心ない人が、ピュロンを言行不一致だと非難しました。彼は自分の非を認め、「人間であることを完全に脱却することは難しい」と答えたそうです。言い訳をせずに非を認めるという点で、逆にピュロンの器の大きさが表れている逸話です。

完全な言行一致の生き方とは、もはや人間の生き方を超え、神の生き方と呼ぶべきものです。ピュロンにまつわる多くの逸話は、哲学者の変人ぶ

第1章
〔古代〕
自然哲学
vs
形而上学

第2章
〔中世〕
キリスト教
vs
ギリシア哲学

第3章
〔近代〕
自然世界
vs
人間理性

第4章
〔現代〕
旧哲学
vs
新哲学

りを示すと同時に、崇高な志を示すものでもあります。**自分自身の魂を清浄に保ち、神に似たものとして生きるというピュタゴラス以来の哲学の伝統が、彼の言行一致という生き方に表現されています。**

 ## 「正しく疑う」姿勢

懐疑主義は、現代のどんな学問にも受け入れられている思想です。一見事実に思えることを疑い、検証するのが学問の基本であるためです。

懐疑主義は、己の認識の確実性を問題にする近代哲学で、再び脚光を浴びることになります。特に、フランスの哲学者デカルトと、イギリスの哲学者**ヒューム**です。デカルトの有名な**「我思う、ゆえに我あり」**というテーゼは、「ほんのわずかでも正当な理由をもって疑えるものは、すべて虚偽と見なす」という「方法的懐疑」を経て導かれた主張です。

一方で、ヒュームは懐疑主義的な哲学を展開し、因果関係や数の計算のような普遍的に正しいと思われている事柄の普遍性を否定します。

図 1-11 懐疑主義の十の方式の一例

方式	例
人間同士の違い	どんなに明白なものでも 誰もが同じように感じるとは限らない
状況の違い	酩酊と素面では感覚も思考も異なるが 素面の状態が正しいとは限らない
頻度や慣れの違い	頻繁に出会うものは当たり前に感じ めったに出会わないものは貴重に感じる
法や常識の違い	何が善で何が悪かの判断は 法や常識によって異なる

物事の真偽は
決定不可
判断保留が
望ましい

懐疑主義の
哲学者

なぜ哲学は詩ではなく 散文で書かれるのか？

 古代の哲学は詩で書かれることもあった

　ルクレティウスは古代ローマの詩人であり、エピクロス派の自然哲学を韻文の詩に語り直して伝えた人物です。エピクロスの作品はほぼ残っていないと述べましたが、ルクレティウスの『物の本質について』という詩のおかげで、原子論の自然哲学の内容は後世に伝わりました。彼は、エピクロスと同じ原子論を主張した快楽主義者です。したがってここでは、古代における詩と哲学の関係について紹介します。ルクレティウスの詩は、ラテン語作品ではほとんど唯一の哲学詩です。

 韻文は神の言葉、散文は人間の言葉

　古代には、**韻文は神の言葉であり、散文は人間の言葉**だという考え方があります。韻文を作る詩人は、神に呼びかけ、祈ることで神の言葉を与えられます。詩人**ホメロス**も、詩の女神**ムゥサ**に祈ります。また、ローマ詩人**ウェルギリウス**も、同じくムゥサへ語りかけます。こうした語りかけの伝統から、詩作とはある種の神がかりや狂気であるともいわれました。

　哲学の文章は、古代ギリシアでも散文の論考として書かれるのが一般的ですが、韻文で書かれる伝統もありました。代表的な哲学者がパルメニデスです。パルメニデスの作品は、真理の女神が「ある、そしてないはない」という存在のテーゼを青年に伝えるという内容が、韻文で書かれています。

　また、**エンペドクレス**という哲学者も自身の考えを詩で表現しました。彼は「自分は神のごとき存在である」と考えていたため、自らの言葉を神の真理として語りました。

詩で語るとは神の真理を語るということ

　ルクレティウスはエンペドクレスの哲学詩を模範にしています。

　韻文は、神の言葉（真理）を語る形式です。ルクレティウスは、最初に愛の神**ウェヌス**に祈り呼びかけ、さらにエピクロスを神のごときものだと語ります。エピクロスの学説を詩で語り直すというのは、単なる学説ではなく、真理の言葉としてとらえ直すことを意味します。

　また、ルクレティウスの詩作は、ギリシア語からラテン語への翻訳も含みます。したがって、**彼が成し遂げた最大の功績は、ラテン語による哲学的真理の創造**であるといえます。ちなみに、次節のキケロは、ラテン語による哲学対話篇を創造した人物です。

原子論はギリシア自然哲学の神髄

　ルクレティウスが哲学的真理として詩にした思想が、プラトンのイデア論やストア派のロゴス論などではなく、エピクロスの原子論だったことは興味深いポイントです。

　原子論の大きな特徴は、イデアや神の摂理のような、超越的な概念や存在の否定です。たとえば、アリストテレスは自然に目的を求めましたが、原子論は自然には目的などないと考えます。原子論は、「真の実在は原子と空虚のみ」というシンプルな原理によって、一切の目的概念に頼ることなく、自然のすべてを説明する哲学理論です。

　ローマ人ルクレティウスにとって、ギリシア哲学の核心とは、原子論のような純粋な自然哲学であったといえます。彼の作品は、「韻文詩による自然哲学」という、初期ギリシアの哲学のあり方を古代ローマ世界で再現する試みでした。

　このルクレティウスの作品が、近代の科学革命の時代に大きな意味を持つことになります。ラテン語という近代ヨーロッパの公用語で書かれた、神の摂理や目的を必要としない原子論は、近代科学の礎となる思想でした。

第1章
【古代】
自然哲学
vs
形而上学

第2章
【中世】
キリスト教
vs
ギリシア哲学

第3章
【近代】
人間理性
vs

第4章
【現代】
旧哲学
vs
新哲学

ローマ最高の弁論家には ギリシア哲学はこう見えた

 キケロのおかげで哲学は後世に伝わった

ローマ人であったキケロは、哲学者としてよりも、政治家や弁論家という公人としての側面のほうが有名です。共和政ローマ末期の政治家・**カエサル**の友人であるとともに政敵であり、ローマをクーデターから救い、共和政を守り抜こうとした人物がキケロです。

一方で、**哲学に並々ならぬ関心を持ち、「哲学にラテン語を教え、ローマ市民権を与える」**ことを己の使命としました。弁論家らしいカッコいい言葉ですよね。

キケロはギリシア哲学をラテン語に翻訳しつつ、さまざまな用語を作りました。日本人にたとえるなら、明治に西洋の学問を紹介・翻訳した人の代表格である、**西周**、**福沢諭吉**、**中江兆民**らの仕事と似ています。

中世から近代にかけて、キケロの著作は知識人によく読まれました。彼の著作には、ギリシア哲学の情報源としてだけでなく、キケロ自身によるギリシア哲学への批判や吟味も含まれていました。そのため、「キケロなくしてヨーロッパに哲学なし」と言っても過言ではないでしょう。

 キケロ哲学の特徴は、学説の比較

キケロは単なる紹介者ではありません。ギリシア哲学をよく理解・消化したうえで、自分自身の考えを積極的に語っています。

キケロの時代の哲学は、大きく4つの学派がありました。それぞれ、ストア派、エピクロス派、アカデメイア派（プラトンの学園）、ペリパトス派（アリストテレスの学園）です。ちなみに3番目のアカデメイア派は、この

時代に懐疑主義の哲学を展開しています。これらの諸学派は、それぞれ論理学や自然学、倫理学について研究していました。

キケロの哲学作品の多くは、彼自身が関心を持つ特定のテーマに沿って、それぞれの学派の考えを整理する構成になっています。例としては、「善悪について」「神々について」などです。**キケロ自身は懐疑主義の立場を取ることが多いですが、テーマによってはストア派やアリストテレスの考えに賛同しています。**エピクロスの思想についてはおおむね否定的で、作品内でもたびたび批判しています。

 ### 哲学と弁論術の融合を目指した

キケロの独自性は、哲学と弁論術との融合を目指していたことです。彼の作品のいくつかは、プラトンのような対話形式で書かれています。ある場所を舞台に、学派を代表する人物同士が対話し、お互いの考えをぶつけ合うというドラマ仕立てです。その対話の場には、しばしば彼自身も登場し、自分の考えをぶつけています。つまり、哲学に物語性・文学性を与えているのです。

ここにはキケロの哲学観が表れています。哲学は単に論証、つまり論理的で正確な文章を読んだり書いたりするだけでは不十分だ。私たちが哲学を真剣に学ぶためには、私たちの熱意をかきたてるような美しいレトリックが必要だ。だから、**人を動かす力のある弁論術を伴うことで、哲学は真に私たちにとって有益なものになる**、と彼は考えていました。

弁論術とは、ソフィストの項目でもご紹介したように、哲学と敵対関係にある技術です。弁論術では、もっともらしさだけが重要であって、その発言内容が真実かどうかは問題ではない、と哲学側から攻撃されていました。キケロは、敵対関係にある哲学と弁論術をつなごうと試みたのです。

古代ギリシアの時代から哲学は役に立たないと揶揄されてきましたが、ローマ人キケロは弁論術によって哲学に、市民や国家を動かす力を与えようとしました。ここにギリシア哲学に対するローマ哲学の意義があります。

第1章
［古代］
自然哲学 vs
形而上学

第2章
［中世］
キリスト教 vs
ギリシア哲学

第3章
［近代］
自然世界 vs
人間理性

第4章
［現代］
旧哲学 vs
新哲学

古代哲学の終点： 父なる一者への帰還

 神秘主義はいわば密教のようなもの

　プロティノスの哲学は神秘主義といわれます。神秘主義とは、日本仏教でたとえるなら、**空海**の密教です。知性の限りを尽くし、言葉によって世界の根源を探ろうとする。しかし、そこは言葉では表現できない世界です。**神秘主義の哲学は、その世界の根源との一体化を果たすことを目指す哲学**です。この同一の境地は「脱我（エクスタシス＝外に立つ）」と呼ばれます。

　プロティノス以前にも、托鉢僧のような実践的な哲学者はいました。しかし、インテリ僧侶ともいえる空海や**最澄**にたとえられるような哲学者が登場するのは、ギリシアにおいては古代末期のことでした。

 一者という故郷への帰還

　プロティノスの哲学のテーマは**「父なる一者という故郷への帰還」**です。「一者」とは、世界の根源であり、世界そのもののことです。

　超越的なものとのかかわりを最終目標とする意味では、プロティノスの哲学はギリシア形而上学の終着点ともいえます。実際、古代哲学史はプロティノスをもって終わると見なされています。

　プロティノスは、「一者」は理性では決して把握できないものだと主張しました。では、彼の哲学は非理性的な話なのかというと、そんなことはありません。彼の説明は大変に論理的です。

 「一」とは何かを純粋に考える

　プロティノスは万物の始源を「一」と考えます。「一」とは何かといえば、

第1章
【古代】
自然哲学
vs
形而上学

第2章
【中世】
キリスト教
vs
ギリシア哲学

第3章
【近代】
自然世界
vs
人間理性

第4章
【現代】
旧哲学
vs
新哲学

区別がないものです。区別のないものを「多」とは絶対にいいません。

では、なぜ一が万物の始源なのかというと、始まりは多ではありえないからです。ここで、多という言葉の意味を考えてみてください。何かが多であるとは、区別があることを意味します。したがって、**一は多に先立つ存在**です。

 ## 「一」は存在を超えた何か

この節の話は複雑ですが、あまり気負わず、サラッと読んでください。「一」は区別がないため、無規定であることになります。

そこでプロティノスは言います。「一」は存在ですらないと。なぜなら、もし「一」が何らかの存在なら、存在するという規定を与えることになるからです。しかし、「一とは無である」という規定も当然できません。どんな規定も区別も許さないのが「一」です。

ここから、**「一」とは、区別に先立つ存在だと考えられます。区別や多が存在する根拠が「一」であり、「一」とはあらゆる存在の根拠です。**

このような分析から、プロティノスは「一者」のことを存在の根拠という意味で、**「存在を超えている」**と説明します。一者は、存在ではありません。しかし、存在の根拠であり、どんな存在にもまして存在するものでなければなりません。このような「一」を言語化する手段はありません。「存在を超えている」とは、そういう意味合いを含んだ言葉です。

 ## 言葉の限界を超えた思索

このように一者についての議論は、何を肯定して何を否定しているのかわかりにくいと思います。それはプロティノス自身もわかっており、「自分の言うことは、体験しないとわからない」「どんな言葉も的外れになってしまう」などと考えていたようです。これが神秘主義といわれる理由です。

しかし、プロティノスの哲学は、論理を無視した神秘体験のみを重視するわけではありません。論理を突き詰め、その限界の向こう側にあるはず

の何かをひたすらに目指す哲学です。

　要するに、言葉では決して表現できないことを、論理的に突き詰める。その結果、「存在を超えた」「一は存在ではない」といった、とんでもない結論にたどりつかざるを得ない。プロティノスの哲学は、存在とは何かを考えるという哲学の営みの、１つの終着点です。

永遠不変の善美を求める形而上学

　プロティノスの哲学は、ピュタゴラス以来の形而上学の伝統に位置します。ギリシア形而上学の代表者は、ピュタゴラス、プラトン、プロティノスです。

　この３人の哲学者たちの際立った特徴は、変転する私たちの感覚的世界とは別の、永遠不変の知的世界を打ち立てたことです。ピュタゴラスの場合は数の世界、プラトンの場合はイデアの世界、プロティノスは一者の世界、とさしあたり整理できます。

　彼らが感覚的世界とは別の知的世界を設定した大きな動機は、美的体験に基づく、善の追求でした。真・善・美を追求するために、できる限り感覚（肉体）から知性（魂）を切り離し、純粋な知性を働かせる。それが魂の浄化といわれるもので、哲学が人の生き方を変える典型的な例です。

　プロティノスにおいても、魂の浄化というコンセプトが引き継がれ、さらに知性を超えた「一者」との一体化を求める哲学を展開します。その意味でプロティノスは、プラトンのイデア以上の超越的なものを求める哲学を展開しました。

古代哲学から中世哲学への移行

　哲学の歴史は、これより中世に移行します。中世哲学の始まりは、ギリシア哲学とユダヤ・キリスト教（いわゆるヘブライズム）との交わりです。

　プロティノスの「一者」の哲学は、ギリシア哲学の重要な思索として評価され、中世の哲学者たちにとっても、理解・共有できる考えでした。

古代の哲学史は
嘘だらけの逸話集だった？

 私たちはどのように古代の哲学を知るのか

古代の哲学者たちが書いた作品は、ほとんどが失われています。**プラトンやアリストテレスのように、まとまった形で複数の作品が残っているケースは少ない**です。特にプラトンは、書いたものがすべて残っており、失われた作品は１つもないと考えられています。これは、2000年以上にわたる人々の努力の結晶です。

ここで問題となるのは、「まとまった作品が残されていない哲学者たちの思想をどのように知るのか」です。１つには、**誰かが古代哲学者の言葉を引用している場合**です。たとえば「パルメニデスはこのように言っている……」と書いてあれば、続く文言はパルメニデス本人の言葉だと考えてよいでしょう。こうした文言は、専門的には「断片」といわれます。

あるいは、**誰かが哲学者の学説をまとめる形で、思想の要約として後世に伝わります。**その思想の要約が、古代における哲学史です。いくつか事例をご紹介しましょう。

 古代に書かれた哲学者たちの伝記が残っている

古代の哲学史で貴重な資料は、**ディオゲネス・ラエルティオス**『哲学者列伝』です。哲学者たちをイオニア学派とイタリア学派の２つに分け、古代の哲学者たちの生涯と逸話を詳しく書き記しました。

ちなみに、本書での自然哲学と形而上学という区分も、『哲学者列伝』の

考えをヒントにしています。またクサカベクレスこと、日下部吉信氏の『ギリシア哲学30講』という著作もヒントにしています。

『哲学者列伝』の著者ディオゲネス・ラエルティオスという人物が何者かはわかっていません。この本には、古代の哲学者たちの生涯と興味深い逸話が数多く収録されています。加えて、学説の要点も記されており、特にヘレニズム哲学のストア派・エピクロス・懐疑主義の教えについての記述は非常に充実しています。

生涯や逸話は、真偽が怪しいものが多く、特に逸話についてはほとんどが作り話です。それでもまったくの荒唐無稽とはいえません。その哲学者らしさが表れていて、何らかの説得力があるのがポイントです。

たとえば逸話で有名な哲学者に、シノペの**ディオゲネス**がいます。ディオゲネスは特別な学説を残すことなく、さまざまな言動によって哲学を実践しました。まさに、生き方そのものが哲学といえる人物です。

ディオゲネスは大きな甕の中に住み、貨幣を偽造したり、公共の広場で自慰にふけったり、プラトンの学園にもぐり込んで講義を揶揄したり、昼間にランプを灯して人探しをしたりと、奇怪な言動をした哲学者です。彼の逸話の多くは、この『哲学者列伝』に書かれています。

 アリストテレスとその仲間も哲学史を作った

『哲学者列伝』のほかには、アリストテレス『形而上学』第１巻が、史上初の哲学史と見なされています。万物の原理は何であるか、過去の知者たちの意見を整理するという名目で、タレスやピュタゴラス、プラトンの学説をまとめています。

哲学史を独立した１つの著作のように書き記したのは、**テオプラストス**です。彼はアリストテレスの年下の学友でした。彼は『自然学者たちの学説』という著作で、学説を収集・整理し、一体系にまとめ上げました。

このテオプラストスの著作を原型に、後世でもいくつかの学説資料集が作られ、その一部が保存されたことで、現代の私たちが古代哲学の内容を知ることができるのです。

第2章

【中世】
キリスト教
vs ギリシア哲学

第2章 中世

カンタベリー ― ケルン ― エックハルトやスコトゥスの大学所在地
アンセルムスゆかりの地
パリ ― クレルヴォー
アベラールやトマスの大学所在地
アヴィニョン ― ミラノ
ローマ教皇庁の一時的所在地 ― ローマ
ナポリ
コルドバ ― ブルーノの出身地
イブン・ルシュドの出身地 ― ヒッポ ― アテナイ
アウグスティヌスゆかりの地
エルサレム
イエス処刑の地
アレクサンドリア
フィロンとオリゲネスが学んだ学術都市

哲学の舞台

古代哲学とキリスト教が合流し
1つに融合した時代

　本書では、中世哲学を4つの時代に分けました。①初期（教父哲学の時代）、②中期（スコラ哲学の黎明期）、③後期（スコラ哲学の円熟期）、④ルネサンス期（古代哲学大復興の時代）です。

　舞台は、初期にはエジプトをも含んだ地中海周辺です。それが徐々にフランスやドイツ、イギリスに広がっていきます。ルネサンス期はイタリアが舞台です。

　年代は、一部古代と交差する場合があります。たとえばフィロンやパウロは、古代のプロティノスが活躍した時代よりも古い時代の人々です。これは、本書では中世哲学を「ユダヤ・キリスト教との関連が深い哲学」と規定したためです。

第1章
【古代】自然哲学 vs 形而上学

第2章
【中世】キリスト教 vs ギリシア哲学

第3章
【近代】自然世界 vs 人間理性

第4章
【現代】旧哲学 vs 新哲学

初期：教父哲学の時代

初期は、ユダヤ・キリスト教の勃興と、教義の確立の時代です。ユダヤ教やキリスト教の教えに理論を与えるために、信仰を持つ哲学者たちがギリシア哲学を利用して、聖書の言葉を解釈しました。教父とは、キリスト教初期にそのような活動をした人々を指し、アウグスティヌスを頂点とします。

中期：スコラ哲学の黎明期

中期は、ヨーロッパに大学が登場した時期と重なります。それまでは修道院で営まれていた神学や哲学が、大学の学問としても営まれます。その流れとともに、神を論理で理解したいという気運が学生間で高まり、論理学も整備されました。大学側のアベラールと、修道院側のベルナールが象徴的な対立です。

後期：スコラ哲学の円熟期

スコラ哲学の真の始まりは、アリストテレスの著作のヨーロッパへの帰還です。アラビアの哲学者イブン・ルシュドの註解とともに、アリストテレスの自然哲学や形而上学が、これまでの神学の大前提を揺るがし、大きな論争を呼びます。トマス・アクィナスを頂点とし、オッカムをもってスコラ哲学最盛期の終わりとします。

ルネサンス期：古代哲学大復興の時代

ルネサンスは文芸の再生を意味し、詩人ペトラルカが古代の作品を収集しました。プラトン哲学とデモクリトスやルクレティウスの原子論の復興が哲学的に重要です。ブルーノは、古代中世の自然哲学の集大成となるような宇宙論を展開し、異端とされ火刑に処されました。この事件を、中世の終わりの象徴とします。

「哲学よ、きみを真の神に導こう」

 ギリシア哲学がエジプトに移った

　中世哲学は、ギリシア哲学とユダヤ・キリスト教が合流した結果、できあがったものです。両者の最初期の出会いが、アレクサンドリアの**フィロン**に見られます。**フィロンはギリシア哲学を利用してユダヤ教の聖書を解釈しました。本書では、これを中世哲学のはじめの一歩と考えます。**

　フィロンは、学術都市アレクサンドリア（現代のエジプト、地中海沿いの大都市）のユダヤ人です。フィロンが生きた時代は紀元前後の頃ですが、当時アレクサンドリアは学問の中心地でした。

　同じ頃、イタリアのローマでは、哲学といえばストア派やエピクロス派が主流でした。しかしアレクサンドリアでは、それらとは毛色の異なる神秘主義的な傾向が表れました。古代最後のプロティノスの哲学を神秘主義と説明しましたが、彼もこのアレクサンドリアで学んでいます。

　フィロンの主な哲学は、**ギリシア哲学を用いた（旧約）聖書解釈**でした。聖書とは「神の言葉が記録された聖なる書物」という名目の書物です。聖書を読み込み、神の考えを探り当てることは、ユダヤ・キリスト教の学者のもっとも大切な仕事でした。フィロンは自らの使命を果たすために、ギリシア哲学に目をつけました。また、文学という面でも、ギリシアではホメロスの叙事詩を比喩的に解釈する伝統がありました。フィロンの聖書解釈も、そのギリシアの伝統を利用し、踏襲したものです。

 ユダヤ教の普遍化に哲学を利用

ギリシアとはもともと無関係だった宗教が哲学を利用した事実は、歴史

的に**重要**です。そこでフィロンがギリシア哲学を利用した狙いを考えてみると、**ユダヤ教の普遍化**であろうと考えられます。

どういうことかというと、まず哲学をはじめ、ギリシアで高度な学問が発展しました。一方で、ユダヤ教はギリシアよりはるか以前から存在するものの、民族宗教であるため、普遍性という点ではギリシアの学問には及びません。ギリシア人から見れば、ユダヤ教は異民族の信仰であって、悪くいえば迷信だと思われていたことでしょう。

 ### 『創世記』は宗教と哲学の合流地

そこでフィロンは、ギリシア哲学にて生み出されたロジックや概念を利用した聖書解釈を試みました。たとえば「ロゴス」や「イデア」といった概念を用いながら、創造神話が描かれた『創世記』を解説・解釈します。

また、フィロンが特に親しんだギリシア哲学は、プラトンの『ティマイオス』です。これも世界創造の神話が語られた作品です。創造神話には、「世界は神（または神に準ずる存在）によって造られた」という共通点があります。人間についても、被造物という点では人種も民族も関係ありません。そういうことからフィロンは**創造神話を、ギリシア哲学（ヘレニズム）とユダヤ教（ヘブライズム）との合流地点に定めた**のでしょう。

フィロンのこの着眼は正しいと思われたようで、あとで紹介する**オリゲネス**や**アウグスティヌス**らも『創世記』の解釈には力を入れており、長大な作品が残っています。

 ### ユダヤ教は啓示の言葉、哲学は理性の言葉

フィロンの考えによれば、ユダヤ教のモーゼの教えとギリシア哲学には、似ている部分が多くあります。ギリシア哲学を用いて聖書解釈ができるのがその証拠だというわけですね。

さらに、ユダヤ教とギリシア哲学が似ているのは、同じ真理を共有するからです。特筆すべき共通点は、「ある」についてです。旧約聖書の『出エ

ジプト記』で、神は自らを「ありてあるもの」と語り、「ある」の本質にかかわっています。つまり、「存在」という概念・原理において、両者が接続することをフィロンは見て取っています。

　ちなみに、フィロンはユダヤ教を、ギリシア哲学よりも優位に置いています。たとえば彼は、プラトンのことを「アッティカ（ギリシアのアテネ周辺）の言葉を話す**モーゼ**」と言いました。

　この序列の理由は、ギリシア哲学の語る真理や神が、あくまで人間の理性によって探究された事柄であるのに対して、ユダヤ教の語る真理や神とは、神による直接の言葉（＝啓示）だからです。

　つまりフィロンの仕事とは、啓示の言葉によって、ギリシア哲学を吟味することであったといえます。

　もっとも、フィロンの思想は、同時代のユダヤ教徒には受け入れられず、後世のキリスト教徒に受け入れられました。キリスト教は、ユダヤ教の選民思想的な教えを批判し、のちに世界宗教となりました。

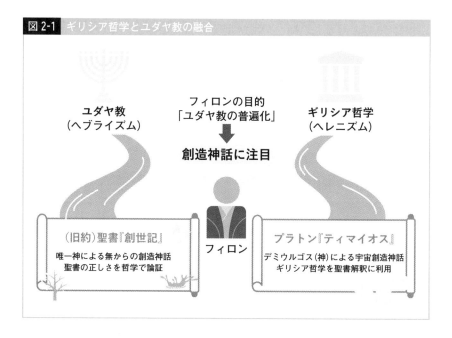

図 2-1 ギリシア哲学とユダヤ教の融合

ユダヤ教
（ヘブライズム）

フィロンの目的
「ユダヤ教の普遍化」

↓

創造神話に注目

ギリシア哲学
（ヘレニズム）

（旧約）聖書『創世記』
唯一神による無からの創造神話
聖書の正しさを哲学で論証

フィロン

プラトン『ティマイオス』
デミウルゴス（神）による宇宙創造神話
ギリシア哲学を聖書解釈に利用

「貧しい人は幸せだ」それが現実とならねばならない

 ユダヤ教の批判者イエス

イエスは、キリスト教によって救い主（キリスト）といわれた、世界一有名なユダヤ人です。イエスは哲学者ではありませんが、キリスト教は中世哲学の基礎ですから、本書でも紹介します。次のパウロも同様です。

イエスはユダヤ教の「律法」をひたすら文字通りに守ることを批判し、見かけの正しさではなく、心の正しさのほうこそ大切だと述べました。

 福音とは「救いの条件の撤廃」という朗報

「安息日は人のためにある。安息日のために人があるのではない」「汝の敵を愛せ」など、新約聖書にはイエスの言葉が数多く残っています。

こうしたイエスの言葉は、「福音（よい知らせ）」と呼ばれます。よい知らせとは「救いのときが近いよ」という知らせです。

ユダヤ教では、救済にはさまざまな条件がありました。ユダヤ人であること。律法を守ること。罪を犯したら赦しを得ること。**律法に記された規律や儀礼に沿って「正しく」生活することが救いの条件**です。

しかし、そういう正しい生活は誰にでもできるものではありません。早い話が、経済的にも精神的にも余裕がないと徳を積む生活はできません。しかし、律法を守れない人は「罪人」「不正」とされてしまいます。

そこでイエスは、それらの細々とした厳しい規則を取り払ってしまいました。つまり、律法の文言に従う人が正しい人なのではありません。それは、見かけの正しさにすぎないからです。大切なのは、心のうちで正しくあることです。そしてイエスが守るようにと伝えたのは**「神と隣人を愛し**

なさい」という簡素な規則だけです。

　こうしてイエスは、見かけの「正しさ」を否定し、心のうちの正しさを強調することで、救いの道を万人に開きました。これが「福音」です。

 ## 「貧しい人」こそ救われねばならない

　イエスが特に手厳しい態度を取った相手がいます。律法に特に厳格な生き方をしていたパリサイ派の人々や、お金持ちです。つまり、律法の細かい文言にこだわる人たちや、それを守れる人たちです。

　一方、**イエスが親しく接したのは、貧しい人や身分の卑しい人**たちです。彼らは律法を守れないので、救われることはありません。しかし、そういう人たちこそ救われるのだと、イエスは言います。

　たとえば、「貧しい人は幸いだ。天の国は、貧しい人のためにある」「一番上に立ちたいと思うものは、すべての人のしもべとならねばならない」などの言葉。これらは、「お金持ちは幸せだ」という常識的な価値観をひっくり返します。「身分のよい生まれのお金持ちが幸せで、しかも救われるだなんて、そんなつまらない世の中であってたまるか」という話です。

　しかし、単に常識に逆らって、非現実的なことを言っているだけではありません。むしろ**イエスの言葉のほうこそ私たちの常識となり、現実とならなければならない**のです。こうした迫力ある言葉が、神の子と思われたゆえんでしょう。

 ## 哲学によって神の言葉を知る

　イエスは神の子だという信仰を持つ弟子たちにより、イエスの教えが神の真理としてまとめられました。新約聖書の誕生です。

　そこにギリシア由来の哲学が加わることで、**神の真理を理性（論証）によって理解する試み**が現れました。それが中世哲学です。哲学は聖書の言葉を理解する道具として大いに利用されました。また同時に、信仰と理性の調和と矛盾という問題も生まれてきます。

資格や条件がなくても、無力な私たちは救われる

第1章
【古代】
自然哲学
vs
形而上学

第2章
【中世】
キリスト教
vs
ギリシア哲学

第3章
【近代】
自然世界
vs
人間理性

第4章
【現代】
旧哲学
vs
新哲学

 新約聖書の重要人物パウロ

パウロはキリスト教の伝道者で、彼の書簡（手紙）は新約聖書に収録されています。

新約聖書は、①福音書、②使徒言行録（歴史書）、③書簡集、④黙示録の４つで構成されています。 書簡集は、パウロ書簡とその他の書簡に分かれています。パウロの考えは、キリスト教の教えの根幹にあります。

 信仰によって正しい人となる

パウロの思想で、のちの中世哲学に大きな影響を与えたのは、救済の思想です。イエスも救済の条件を取り払ったと述べましたが、パウロはそれをより深く、理論として考察しました。それが「信仰義認説」です。

義認とは「被告や罪人が無罪と認められる」という意味です。私たちは神を信仰することで、罪を赦され、救われる。つまり、「義とされる」→「無罪とされる」→「救われる」という説が、信仰義認説です。

パウロは**「（律法を守るという）行いによって義とされるのではなく、信仰によって義とされる」**と言います。信仰義認説に対する考えは「行為義認説」です。行為義認説は、自分の行いによって義とされる（救われる）ことから「能動的義」とも言われます。それに対して信仰義認説は、神によって義とされる（救われる）ことから「受動的義」とも言われます。

この両者の対比は、キリスト教の思想や信仰を理解するうえで、非常に重要な論点ですから、詳しく説明します。

罪とは心の欲望のままに生きること

　一般に宗教は、私たちは罪深い存在だとかいう話を好み、なぜか自明の前提のように語ります。しかし、そもそも罪の自覚もないのに「神が救ってくれます」などと言われても、別にありがたくもなんともありません。

　パウロによると、私たちの罪とは、心の欲望のままに生きることです。つまり、自分の欲望を基準にして、物事の価値や善悪を決めることです。

　とはいえ、自分の求めるものになんでも価値があるとは限りません。時には無価値なものを価値あるものと見なし、反対に価値あるものを無価値なものと見なすこともあります。

　つまり、**ある物事に本当に価値があるかどうかは、自分ではわからない**のです。なのに、あたかも自分が欲しいと思うもの・よいと思うものに、実際に価値があるかのように考えてしまう。このような生き方こそ、心の欲望に従うことであり、またそのような愚かさを罪と言っているのです。

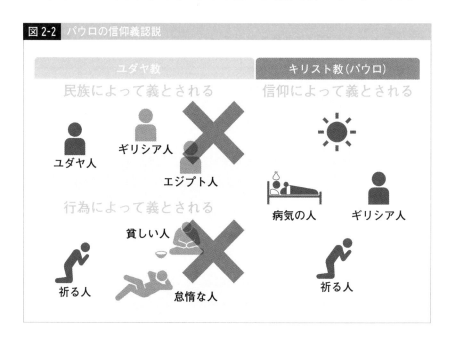

図 2-2　パウロの信仰義認説

ユダヤ教	キリスト教（パウロ）
民族によって義とされる	信仰によって義とされる

ユダヤ人　ギリシア人　エジプト人　❌

行為によって義とされる

祈る人　貧しい人　怠惰な人　❌

病気の人　ギリシア人

祈る人

誰も自分の力では罪から自由にはなれない

　ただ、この罪や欲望の話は、別にパウロの専売特許ではありません。パウロも「罪の自覚だけならユダヤ教の律法も教えてくれる」と言います。

　では、**パウロの独自性は何かというと、自分では絶対に罪を浄められない**という点です。つまり、人間は自力では律法を守れないと考えたことです。だから、罪を浄めるために律法を守ろうなんて話は、パウロからすれば絵空事なのです。人間は等しく罪人であり、罪人であるがゆえに自分の力では律法を守れません。自分で自分を救うことはできません。

 ## 救われることに条件や資格は要らない

　人間を罪から救うのは、神の恵み（恩恵）です。この**神の恵みが、誰にでも無条件で与えられるということ、これがパウロの最重要ポイント**です。

　もしも「○○をすれば救われる」とか「ある条件を満たす人間が救われる」となれば、私たちに何らかの力が必要です。それでは結局、神に救われる努力ができた人物だけに、神の恵みが与えられることになります。

　すると、その努力の内容、つまり救済の資格や基準とは何かが問題になります。この救済の資格や基準をめぐって、神学論争、言い換えれば権力争いが勃発するのは、火を見るよりも明らかです。これが「行いによって義とされること（行為義認）」の問題点です。パウロはそれを正確に見抜いたうえで、**救済にはいかなる資格も要件も必要ない**という考えを示しました。

　以上をまとめると、**「救われるに値する人間とはどんな人物か」という問題からの解放が、「信仰義認説」のポイント**です。この救済の思想が、民族宗教のユダヤ教批判の上に成り立ち、キリスト教が民族の垣根を越えた世界宗教として歴史に現れる思想的土台を築きました。

　また、行為義認と信仰義認の対立は、パウロ以降も歴史上、繰り返し現れます。たとえばアウグスティヌスと**ペラギウス派**の対決や、オッカムと**マルティン・ルター**の対決です。救済にかかわる重要な論点だからです。

分け隔てない教育のために去勢した本物の哲学者

 キリスト教と哲学を結びつけた最初期の人物

　オリゲネスは、学術都市アレクサンドリア（地中海に面したエジプトの都市）で生まれ育った、最初期のキリスト教哲学者です。プロティノスと同じ教師（**アンモニオス・サッカス**）に学んだともいわれていますが、それは同名の別人との説もあります。

　その真偽はいずれにしても、**オリゲネスはギリシア哲学に精通した人物で、聖書を哲学的（論理的）に解釈した考察を残しました。**その点では、フィロンがユダヤ教の聖書で取り組んだことと同じです。

　キリスト教哲学の内部の対立（正統と異端の問題）や、ギリシア哲学との対立といった諸問題は、すでにオリゲネスの思想に多く含まれています。

 自発的な去勢のエピソード

　まずオリゲネスの人となりですが、彼はローマ帝国によるキリスト教迫害の時代を生きました。昼はキリスト教の伝道師として人々に信仰を教え、夜は聖書の研究をしました。また、**自ら進んで禁欲生活を送り、常に薄着で、よく断食するなど、非常に高潔な人物**でした。

　さらに恐れ入るエピソードが去勢です。オリゲネスは、男女分け隔てなく信仰教育を行うにあたって、あらぬ疑いをかけられないようにと、自らの意志で去勢したといわれています。

　これについて彼は晩年、どうやら若気のいたりで早まったことをしたと感じたようで、「大切なのは心の欲情を断ち切ることだ」などと語っているそうです。やったことがやったことであるだけに、説得力があります。

第1章
【古代】自然哲学形而上学 vs

第2章
【中世】キリスト教ギリシア哲学 vs

第3章
【近代】自然世界人間理性 vs

第4章
【現代】旧哲学新哲学 vs

図2-3 オリゲネスによる９つの信仰の規範の一例

唯一神	唯一神が存在、世界を無から創造
イエス・キリスト	被造物に先立つ存在、受肉・復活
死者の復活	最後の審判のとき死者が復活
自由意志	魂は自由意志を持ち、善悪をなす
聖書	聖書の言葉は隠された意味を持つ

 キリスト教哲学の基本的な考え方

　上図は、オリゲネスの『諸原理について』の冒頭にある９つの「信仰の規範」の一例です。これは**キリスト教信仰全般に共通する基本的な前提のようなもの**なので、中世哲学全体の理解に役立つでしょう。

　オリゲネスの根底にある思想は、**魂と物体（身体）、目に見えるものと見えないものといった、形而上学に特徴的な対比**です。

　また、魂と身体に加えて、「霊」をオリゲネスは語ります。大まかに言うと、霊は信仰をつかさどる部分であり、魂は認識や感情をつかさどる部分です。**人間の構成要素を「霊・魂・身体」と３つに区分する**のは、ギリシア哲学にはなかった考え方です。

　神についても、ギリシア哲学との共通点と、新しい点とがあります。神は唯一の原理であり、万物の根源であり、善なるものだと語られています。これは、プラトンやプロティノスの考えと一致しています。

一方で異なるポイントはどこかというと、「神は最善である」だけでなく、「積極的に善を行い、善を創造する」という点です。①神が善である点は同じですが、さらに②善を行うという点が加わります。

この２つの両立が、キリスト教哲学における神の考え方の特徴です。

 ## 善なる神は休みなく善を行う

オリゲネスの神の特徴ですが、まず神は善なる存在であり、やることはすべて善です。そのため、神が何かする場合と、何もしない場合とを比べると、何かするほうが善ですよね。

ここから、神は一瞬たりとも休みなく善を行う存在として理解されます。そのため、たとえば「神は世界を創造したあとは、悪を放置している」といった話は、オリゲネスからすれば非論理的なのです。

もしも神が善行をやめることがあれば、それは世界全体が完全な善で満たされたときです。**これ以上、善を生み出す必要がないという状況ではじめて、神は何もせず休む**ことになります。

この状況をオリゲネスは「神がすべてにおいて、すべてとなる」というパウロの言葉で表現しています。つまり、神が行為をやめるときとは、あらゆる存在が最善になったときですが、最善になるとは神と同じになるということだからです。それが世界の完成であり、救済です。

このように、新約聖書の言葉と哲学的神学の論理がつながります。

 ## 自然は神の被造物だと理解された

古代ギリシアの自然哲学において、自然とは無限で果てしないものでした。無限とは、全体を把握できないという意味です。

その自然を「被造物」と理解すれば、「自然は神によって造られた」などと、一挙に全体を把握できます。**始まりも終わりもない無限な自然が、神の意志によって始まりと終わりを持つ有限な自然に変わりました。**ここが、ギリシア的な自然観と、ユダヤ・キリスト教的な自然観との違いです。

「ギリシア哲学の
驚きなどくだらない」

第1章
【古代】
自然哲学
形而上学 vs

第2章
【中世】
キ リ ス ト 教 vs
ギ リ シ ア 哲 学

第3章
【近代】
自然世界
人間理性 vs

第4章
【現代】
旧哲学
新哲学 vs

 「私」を哲学した中世

　アウグスティヌスは中世哲学の最重要人物です。その影響力はプラトンとアリストテレスに勝るとも劣りません。見方によってはアウグスティヌスのほうが大きな影響力を持っていました。

　アウグスティヌスの哲学のテーマは、神と自己（魂）についてです。**「神と魂とを知りたい」（『独白』）というのが、彼の哲学の出発点**です。魂を知りたいとは、私自身について知りたいという意味です。

　古代哲学者たちの探究テーマは、どちらかといえば自然や宇宙でした。自然哲学はもちろん、ピュタゴラスのような形而上学でも、宇宙の秩序を知ることに関心がありました。まず宇宙の秩序を知り、そこから神や人間の理性の偉大さを感じ取るという順番です。

　しかしアウグスティヌスは、宇宙のことなど問題にしません。まず私自身を知ることが、神の偉大さを知ることにつながります。その神の偉大さが、自然や宇宙の偉大さをも感じ取らせるという順番です。

　それでは、アウグスティヌスが中世哲学最大の人物である理由と、彼の特に重要な概念２つについて見ていきましょう。

 古代哲学はピントがずれている？

「哲学とは驚きから始まる」というアリストテレスの言葉があります。古代ギリシアの哲学者たちが何に驚いていたかというと、自然や宇宙です。万物の根源を探し求めたのも、自然への驚きがあってこそといえます。

　しかし、アウグスティヌスの驚きは全然違います。なんと自分自身に驚

91

いているのです。アウグスティヌスは次のように言います。

「人々は外へ出て行き、山の高い峰に、海の波浪に、河の悠長なる流れに、海流の循環に、星辰の運行に驚嘆しますが、しかし自分自身を見過ごし、驚嘆しません。」（『告白』より引用）

つまり、「自然や宇宙への驚きなど薄っぺらいものだ」と言いたいのです。**自然に驚嘆する古代人の感受性への批判。ここに、古代哲学と中世哲学の決定的な違いがあります。** 私という存在は、宇宙よりもはるかに深遠で、驚くべき存在なのです。

ところで、これを哲学の進歩や発展などとは考えないようにしましょう。幼稚な見解から高度な見解に発展したのでは決してなく、いろいろな要因から哲学者の関心が変化したのです。哲学に進歩はありません。だからこそ、今なお古代や中世の哲学から、私たちは学びを得られるのです。

アウグスティヌスの重要概念その1「私」

アウグスティヌスの代表作は『告白』です。『告白』は今でいう自伝に近い作品で、幼い頃から青年になってキリスト教信仰に目覚めるまでの彼の半生を振り返りつつ、それを神に向かって語りかけています。

アウグスティヌスは「私」をどのようにとらえているのでしょうか。

思い切った言い方をすれば、パウロ～アウグスティヌス流のキリスト教哲学は、自分自身が最大の関心事で、それも**「私はどうしようもないダメ人間だ」** という話です。ルネサンスのペトラルカ、近代のパスカルやキルケゴールにも通じる流れです。日本仏教なら、浄土真宗の**親鸞**とも似ています。古代ギリシアにはあまり見られない思想です。

もちろん、アウグスティヌスも彼なりに「立派な人間になりたい」や、「幸せになりたい」などと願ってはいます。言葉の上では、立派なことを述べ、願い、祈りもする。けれども実際は、**本当の心の奥底では自分が変わることを望んでいないことを発見**します。言葉と身体、意志と欲望、霊と肉との間で、私（アウグスティヌス）は引き裂かれています。

第1章
〔古代〕
自然哲学
vs
形而上学

第2章
〔中世〕
キリスト教
ギリシア哲学
vs

第3章
〔近代〕
人間理性
vs
自然世界

第4章
〔現代〕
旧哲学
vs
新哲学

図 2-4 古代哲学の関心とアウグスティヌスの関心

古代ギリシアの観察対象
自然は驚きに満ちている

アウグスティヌスの観察対象
私は驚きに満ちている

神

善と悪   自由意志

魂

アウグスティヌス

「人々は外へ出て行き、山の高い峰に……星辰の運行に
驚嘆しますが、しかし自分自身を見過ごし、
驚嘆しません。」(『告白』より)

✝ 神を知ると、自分がダメな人間だとわかる

　この項はアウグスティヌス解説からは少々脱線します。意志と欲望の葛藤というような話は、多かれ少なかれ、私たちにも「あるある」な話で、経験があるかと思います。しかし、これはとても重要な問題です。

　なぜなら、自分の言葉や心が信用に値しないものになってしまうからです。自分で自分を裏切り続けてしまい、その自己欺瞞が日常茶飯事になっている状態です。精神衛生上よくないだけでなく、何より言葉や行動の価値を損なってしまうのです。

　ただでさえダメ人間なのに、そのうえ嘘で自分を飾り立てるのは最悪ですよね。せめて、ダメなことくらいは認めるほうが誠実でまだマシです。

　もちろんこのような話が、キリスト教哲学のすべてではありません。しかし、自分が徹底的に無力であるという認識は、神という存在を考えてはじめて可能になります。神は無力な人間とは正反対の存在だからです。**神**

の存在がいてはじめて、**自分の無力さを理解できる**のです。

このように「私は徹底的に無力な存在である」という認識が、古代哲学と中世哲学の人間観の違いです。あるいは、ギリシア的な人間観とキリスト教的な人間観の違いとも言えます。

 ## アウグスティヌスの重要概念その2「意志」

もう1つの重要概念は「意志」です。アウグスティヌスの意志の話は、今後も何度も登場しますので、ぜひおさえてください。

さて、意志とは、さしあたり欲求を意味します。何かを意志するとは、何かを欲求することと、ほとんど同じ意味です。また、意志や欲求は、生き方でもあります。たとえば、たくさんのお金を欲するなら、お金持ちになれる生き方をするわけです。

アウグスティヌスは「自由意志」という概念について論じました。彼の考えによると、**自由意志とは可能性を自由に作り出せる能力**です。欲求や意志は、どんな制約も受けず、なんでも思い描けるということです。

ストア派の意志との違い

自由意志という問題は、古代ではストア派も論じていたことでした。それはアウグスティヌスも知っています。

ストア派の意志は、意志以外のあらゆるものを、そもそも「私とは無関係なもの」と否定する能力です。ストア派にとって、私といえるものは「100％完全に、いつでも自由にコントロールできるもの」のことです。

そうすると、お金や所持品はもちろん、肉体も私のものではありません。外から入ってくる感覚や、内から湧き上がる感情や欲求も、自由にコントロールできないものです。これらすべてが、「私とは無関係なもの」となります。こうして、意志のみを「私」と規定するのがストア派の哲学です。

特に重要なのが、感情と欲求です。これらを私のものとするか否か。ここがストア派とアウグスティヌスの違いです。

アウグスティヌスは、私を「肉体と魂とから構成されているもの」と考えます。そして、**すべての感情や欲求を私のものと認めます**。感情や欲求は、どっと大群で押し寄せてくるものです。それらのうち、どの感情や欲求を適切なものとして選択し、不適切なものとして斥ける(しりぞ)のか。**この選択能力をアウグスティヌスは意志と規定**しました。

✝ 正しい意志と誤った意志

つまり**意志とは選択であって、その選択が正しければ「正しい意志」となり、誤っていれば「誤った意志」**ということになります。

意志には2種類あると考えるならば、先ほどの「私は無力である」という話もわかりやすくなるでしょう。というのも、私は自分の力では誤った意志しか選び取ることができないという話になるからです。

もちろん、古代ギリシアでも適切な選択と不適切な選択の問題はありました。たとえば、アリストテレスは『ニコマコス倫理学』という著作で、「甘いものを食べるべきでない」と思いながら、誘惑に負けて食べてしまうという行動が、なぜ起こるのかを詳しく分析しています。

アリストテレスは正しい選択をするために、行動を習慣づけることの大切さを語ります。しかしアウグスティヌスは、人が正しい選択をするには神の助力が必要だと考えます。だとすると、**神を求め、欲することが、正しい意志・正しい選択**になります。反対に、**神以外の地上のものを求め、欲することが、誤った意志**といわれるようになるのです。

こうしてアウグスティヌス、ひいては中世哲学では、神を求めることが正しい生き方となります。神以外の地上のものは、その道具・手段として認識されます。

このアウグスティヌスの意志についての議論が、中世哲学全体の問題意識や基本的な前提となります。正しい意志（生き方）は永遠なる神を求め、誤った意志（生き方）は滅びゆく地上の虚しいものを求める。

哲学は生き方であると古代の章でもお伝えしましたが、中世哲学では神

を求めることが人間のあるべき生き方だと考えられました。信仰を持つことが、動物と人間を区別する1つの基準でした。

✝ 神を弁護する「弁神論」

ここまで述べてきた通り、アウグスティヌスの哲学は、私の内面の探究という点で古代哲学とは一線を画するものでした。

私と意志のほかにも、神の問題、善悪の問題など、アウグスティヌスの思索は後世の哲学に大きな影響を与えました。それらのポイントを一言で言うなら、「弁神論」です。弁神論とは、たとえば**「神が最善なら、どうして悪を放置するのか」**といった主張に対して、神を弁護する論述です。

アウグスティヌスの哲学は、カトリック教会に正統な教義と認められたこともあり、中世以降の哲学の基本的前提となりました。また中世哲学や近代哲学の全体が、弁神論とそれへの反論の対決だともいえるため、哲学の対立軸をとらえるという本書の視点からも、非常に重要です。

図 2-5 アウグスティヌスの自由意志論の深化

時期	主な著作	自由意志の能力	ポイント
前期	『自由意志論』	◯ 大きい	・自由意志と情欲との戦い ・信仰は人間の決断
中期	『告白』	△ あまりない	・自由意志では善を行えない ・信仰は神からの恩恵
後期	「ペラギウス論争」	✕ ほぼ無力	・原罪や予定説の強調 ・自由意志はすでに損傷

後期になるほど原罪と恩寵を強調する思想へ深化

「神の存在証明」は
実はものすごい議論だった

第1章
【古代】自然哲学 vs
形而上学

第2章
【中世】
キリスト教 vs
ギリシア哲学

第3章
【近代】自然世界 vs
人間理性

第4章
【現代】
旧哲学 vs
新哲学

✝ たった1つの前提から始める神の存在証明

アンセルムスは「神の存在証明」が有名です。神の存在証明というと、宗教のイデオロギーを主張したいだけの強引な理屈だというイメージがあると思いますが、そうではありません。人間は論理だけで神について何らかの理解を得ることができるのか、そういった挑戦です。

そこで彼が用いた神の定義には、哲学の歴史上、画期的な意義がありました。中世の形而上学（神学）の基礎となるような神の定義をしたのです。

まず、神とは何かについて、アンセルムスは「たった1つの前提から始める」と述べます。その前提とは「**神は、それ以上大きな（偉大な）ものが考えられない何ものかである**」というものです。

それから、「現実に存在するものと、単に思考可能なだけで実際には存在しないものとでは、現実に存在するもののほうが大きい」。したがって、**神とは「実在するとしか考えられないものである」**と証明されます。

この証明のポイントは、神の存在とその他の有限な存在を区別したことです。どういうことか、反論を通じて見ていきます。

✝ 「偉大な島」は存在しないと断言できる

この証明にはいろいろと反論があります。たとえば「それ以上大きな（優れた）島が考えられない島」というものを考えてみれば、その島が実在することになるじゃないか、と反論されました。

この反論のポイントは、頭の中で思考可能なものと、それが現実に存在するかどうかは無関係だということです。失われたアトランティスのよう

な島が存在したと、頭の中で考えることは誰でもできます。しかし、それが現実に存在したのかどうかはまったく別の問題です。

しかし、「それ以上大きなものが考えられない何ものか」という前提は、島のような有限なものには適用できません。**「それ以上大きなものが考えられない何ものか」は、神以外にはありえない**のです。なぜなら、有限なものの偉大さは相対的であって、どんなに偉大なものを考えても、それ以上のものをいくらでも考えられるからです。したがって**「それ以上偉大なものが考えられない有限なもの」は、そもそも思考不可能なものであるため、それらは虚偽（存在しない）**という結論が出ます。

 有限なものの存在根拠は、無限な神

こうして神の無限性と、その他の存在の有限性が、はっきりと区別されます。実在することが必然であると思考できる存在が神です。反対に、実在することが必然とは思考できない存在が、その他の有限なものです。わかりやすく言い換えれば、単に頭の中で思考可能なだけで、現実に存在するかどうかは保証されないもの、それが有限なものです。

ここからまた、有限なものは自らの存在の根拠を、無限なものに負っていることも明らかになります。**「存在するとしか考えられない有限なもの」**というのは思考不可能（＝存在不可能）であるため、有限なものの存在根拠は自分自身にあるといえないからです。

自分自身を根拠に存在するのは、「存在するとしか考えられないもの」すなわち無限な存在のみです。だからこそ、有限なものはその存在根拠を神（無限な存在）に負っているという点で、被造物といわれるのです。

アンセルムスの試みによって、中世哲学は新しいステージに移ります。神の存在証明とは、信仰の対象である神を理性（論理）の対象としても理解しようとするものです。そこで、厳密な論理や言葉遣いによる形而上学が活発になります。それらは新しい学問機関である大学（スコラ）で営まれたために、スコラ哲学と呼ばれます。

「ヨーロッパのソクラテス」！論戦無敵の超天才

 波乱万丈の生涯を送った天才

アベラール（ラテン名**アベラルドゥス**）は、中世哲学きっての天才的頭脳の持ち主であり、波乱万丈の生涯を送った人物です。彼の魅力あふれる人柄と論争に明け暮れた人生は、中世哲学でも特におもしろいものです。

アベラールは、争い好きで気性の激しい天才でした。その天才ぶりといえば、20歳前後でパリの大学に現れ、哲学の教師の教えに公然と反論して打ち負かしたほどです。その後、神学を学んだときにも教師の講義を「中身がなくて退屈だ」などと不必要に煽ります。**アベラールは権威ある学者を侮辱せずにはいられない**という、最高な性格なのです。

 普遍論争：普遍が実在か、個物が実在か

アベラールは、スコラ哲学の論理学分野を代表する人物です。

彼の時代には、いわゆる「普遍論争」が盛り上がりました。これは普遍的な事柄（たとえば人間）は実在するのか（実在論）、それとも記号、つまり名前だけの存在なのか（唯名論）という論争です（101ページ図版参照）。

実在論の立場は、普遍が実体であり、個物は性質にすぎないと考えます。つまり、人間という普遍的な種が先にあって、個々の人間はその種に付帯的な（＝あってもなくてもいい）要素がくっつくことで構成されると考えます。たとえば人間にとって顔があることは共通ですが、顔立ちは人それぞれで、どういう顔立ちでも人間なのは同じです。

では、それがなければ人間でなくなる必然的な要素（顔）と、どうあっても人間であることには変わらない偶然的な要素（顔立ち）は、どちらが

人間にとって本質的でしょうか。当然、顔のほうです。

　したがって、**普遍こそが本質で、個物を作る要素は本質的ではない。この**
ように、個物よりも先に普遍があると考えるのが、実在論の立場です。そ
のため、個物は偶然的部分のさまざまなバリエーションにすぎません。

 ## 唯名論の立場「現実に存在するのは個物だけ」

　これに対して**唯名論は、実際に世界に存在するのは個物のみ**だと主張し
ます。たとえば人間という言葉は、実在の個人の間で互いに似ている点を
取り出しただけです。ソクラテスとプラトンに共通する点は人間、ソクラ
テスとロバに共通する点は動物、といった具合です。

　このように個物こそが実在の基礎であって、普遍とは個物の共通点を取
り出した言葉にすぎません。なので、普遍が個物よりも本質的な実在など
ということはありえないという主張です。

　普遍論争はややこしいうえに、決着がつかなかった問題です。中世哲学
は未解決の問題が多く、いったい何の意義があるのかよくわからないこと
も多いのですが、裏を返せばそれだけ重要な問題について非常に多く論じ
ていて、**普遍論争をめぐる議論は近代以降の哲学の基礎**になっています。

 ## アベラールの立場は独特

　ようやくアベラールの立場を紹介する番です。アベラールはひとまず唯
名論的な立場で「現実に存在するのは、個物だけだ」と考えます。とはい
え、普遍を「個物同士の共通点」と考えることには賛成しません。なぜな
ら、個物同士の共通点を取り出すのは不可能だからです。

「現実に存在するのは個物だけ」というのは、「まったく同じものはこの世
界に存在しない」ということでもあります。ソクラテスを作る細胞１つ１
つもすべて違うし、その細胞とプラトンの細胞もまったく同じものは当然
ありません。したがって**「共通点」とは、事実を示しているのではなく、私**
たちの「思い込み」や「解釈」を示しているだけだと述べます。

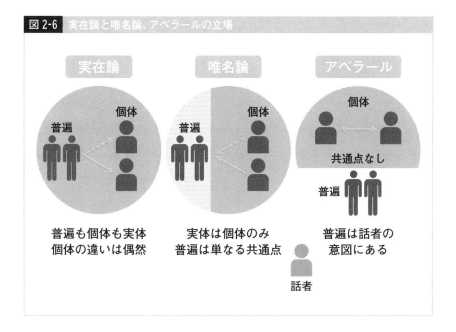

図 2-6 実在論と唯名論、アベラールの立場

| 実在論 | 唯名論 | アベラール |

普遍も個体も実体
個体の違いは偶然

実体は個体のみ
普遍は単なる共通点

普遍は話者の
意図にある

話者

　アベラールの考えによれば、私たちが何かを「普遍的」とか「共通している」と言うときは、私たちの世界や存在についての解釈を示しているだけなのです。したがって、普遍は「思い込み」「解釈」にすぎず、真理であるといえる根拠がありません。

　ただ、だからといって「人間」や「動物」という普遍概念を示す言葉がまったく無意味になるわけではありません。私たちは普遍（共通点）を取り出すときに、何らかの意味を必ず込めます。

　たとえば①「この人はソクラテスだ」という文と、②「ソクラテスは人間だ」という文では、話者の意図が異なります。前者は、ソクラテスをほかの人と区別するための文です（固有性を示す文）。後者はソクラテスをほかの人と一緒にするための文です（同一性を示す文）。

　このように、言葉遣いや文における話者の意図を解明するのが、アベラールの論理学です。そして、話者の意図と文が適切に対応していれば、普遍的な言葉も意味を持つことになります。

普遍論争は、世界の事実や実在についての問題のはずでした。しかし**ア
ベラールは、それを人間の主観的意図と言葉遣いの対応という問題に置き
換えてしまった**のです。

✝ 行為の意図を解明する倫理学

普遍論争と、それについてのアベラールの立場を概観しましたが、アベ
ラールの哲学全体が、人間の意図への関心に満ちています。

アベラールは倫理学も有名なのですが、そこで鍵となる概念も「意図（意
向）」です。**ある行為が善とか悪とかいわれる基準は、行為そのものではな
く、その行為の意図にある**と考えます。

アベラールは、奴隷がやむを得ず主人を剣で殺害した場合を例に取り、奴
隷の意図を究明します。奴隷は積極的に主人を殺害したいと思ってはいな
いから、その点では悪とはいえない。しかし、主人への抵抗の手段に剣を
用いたという点では、殺害の意図が確かに含まれるから、その点では悪と
いえる……などと論じ、正しい意図と誤った意図の区別などを論じます。

✝ アベラール哲学の核心

こういう話を思い切ってまとめると、アベラールが哲学を通じて解明し
たいのは、人間の思考や意図だといえます。その意図が現れる現場を、論
理学や倫理学という文脈で取り上げ、解明を試みました。

こうして、**哲学上や神学上の問題を、人間の主観的な思考や意向の問題
としてとらえた哲学者がアベラール**です。これは考えようによっては、恐
るべき巨大な野望といえましょう。自然や神の問題も、言語や思考の問題
に置き換えようというのですから。

このような**大それた野望こそ、アベラールの哲学と人柄の核心**です。ア
ベラール自身は敬虔な信徒で、キリスト教の真理を疑ったことはないと再
三にわたり述べています。それでも彼に不信仰や異端の疑いが絶えずつき
まとった理由は、彼自身も自覚しなかった哲学的野心にあったはずです。

アベラールの社会的抹殺を企てた修道院長

第1章
【古代】自然哲学 vs 形而上学

第2章
【中世】キリスト教 vs ギリシア哲学

第3章
【近代】自然世界 vs 人間理性

第4章
【現代】旧哲学 vs 新哲学

 両極端な二面性を持つ人物

　ベルナール（ラテン名**ベルナルドゥス**）は、クレルヴォー修道院の院長を長年務めた人物で、通称「クレルヴォーのベルナール」と呼ばれます。

　ベルナールは一介の修道院長ではなく、カトリック教会の中で大きな影響力のある人物でした。彼の修道院生活や規則が非常に厳格・禁欲的で評判になり、教会の権力者からも相談を受けたり、教会内の問題解決に協力したりする立場になったからです。その問題解決の1つに、先の**アベラールを異端として弾劾する裁判**を取り仕切りました。

　厳格な禁欲主義者が、組織内で辣腕を発揮するという話なら、わかりやすいキャラクターですよね。ところが、**ベルナールの思想は、愛や美についての神秘主義**なのです。「学問で知を学ぶ目的は、神を愛するためであり、最終的には私たちの魂が神と1つになる準備のためだ」などと述べます。

　世俗的な政治の才能と、超世俗的な神秘思想の才能が、1つの身体に同居する稀有な人物。それがベルナールです。

 修道院神学は中世哲学の大きな流れの1つ

　ここで修道院神学についても説明します。中世哲学はいくつかの対立軸によって区別できます。大きな対立がギリシア哲学とキリスト教ですね。その中に小さな対立として、プラトン主義とアリストテレス主義、信仰と理性、**修道院神学と大学神学（スコラ哲学）**などがあります。

　修道院は中世前期のアウグスティヌスの流れを汲みます。大学は中世後期に登場し、アリストテレス研究（自然学研究）の流れです。大まかに言

うと、感性やレトリックを重視するのが修道院神学、理性や論理を重視するのがスコラ哲学と言えます。スコラ哲学の登場には少し時代が早いですが、**アベラールとベルナールの対立は、スコラ哲学的な価値観と修道院神学的な価値観との対立**と言えます。

感性を重視した修道院神学の神秘主義

ではベルナールの神秘思想を紹介しましょう。神秘思想といえば古代哲学者プロティノスがいましたね。神秘主義者は、「神との合一」を最高の幸福と考える点で、おおむね共通しています。

ベルナールで有名なのは、愛についての教説です。

彼は愛を4段階に分けます。それぞれ、**①欲望に基づく自己愛、②欲望に基づく神への愛、③友愛に基づく神への愛、④神への愛に基づく自己愛**です。神との合一を果たす段階は、④の「神への愛に基づく自己愛」です。

④の境地は、もはや自分と神との区別がないという合一状態です。プロティノスの合一状態と比較すると、プロティノスは自身の体験に基づいた話ですが、ベルナールはそうではありません。肉体を持って生きている間は、④の境地への到達は不可能だと考えているからです。

この違いは、ギリシア哲学的神秘主義と、キリスト教的神秘主義の違いです。世界と神との距離が違います。ギリシアでは世界は神そのものでしたが、キリスト教では世界は神の被造物なのです。したがって、神と合一できるのは、天の国で神を直接「見る」ときです。

天の国に入るのは、基本的には肉体の死後のはずなのですが、天の国で神を視覚として「見る」と言われているのが、興味深いところです。あたかも肉体をも保持しているかのような言い方ですよね。

このような感覚・感性的なものの重視がベルナール独特の思想です。

劣った感性の「味覚」をほめたベルナール

ベルナールの味覚の話には、哲学的・宗教的にも注目すべきです。

第1章
〔古代〕
自然哲学 vs 形而上学

第2章
〔中世〕
キリスト教 vs ギリシア哲学

第3章
〔近代〕
自然世界 vs 人間理性

第4章
〔現代〕
旧哲学 vs 新哲学

　味覚は五感の中でも、ものの認識に貢献することが少なく、世俗的な快楽を得るための器官にすぎません。五感の中では、視覚が第一に価値あるもので、その次に触覚や聴覚でした。

　ところがベルナールは、地上的で卑しいはずの味覚をやたらと重視し、**「知恵を味わう」**などという表現もします。これはキリスト教の儀式のうちでも重要な聖餐（イエスのいわゆる「最後の晩餐」を再現する儀式）の関係で考察されるべきでしょう。聖餐では、パンがキリストの肉、ワインがキリストの血とされます（実体変化）。つまり、聖餐において味覚とは、**人間がキリストと一体化できる器官**と見なされています。

　パンやワインがキリストの血肉に実体変化するという話は、私たちの理解を超えています。だからといって非合理的な迷信として片付けていい話でもありません。なぜなら、パウロやアウグスティヌスの節でも見たように、私たち人間は、知性や認識によって自己を見れば、最終的には必ず無力でみじめな自己像にいたるからです。

　そして、知性には決して理解できないことが、この聖餐の儀式です。知性や認識から見れば、**貧しく卑しい感覚の味覚だけが、イエス・キリストの血肉と同一化し、永遠の命を得られる唯一の器官**であるという逆説を、ベルナールは示しています。

 ## 低きものを高くする生き方が修道院神学の核心

　修道院は一方では現世や自分の肉体や欲望を穢れたものとして蔑視し、禁欲生活を実践しました。他方で、食べ物や飲み物の味わいといった肉体的・感覚的な体験を、神や知恵と結びつけ、むしろ崇高なものにまで高めます。このような**ギャップ・矛盾こそ、修道院神学の核心**です。

　なぜなら、イエス・キリストの説く**「神の国」は「もっとも低きものがもっとも高きものとして尊ばれる」場所**だからです。また、「低きもの」とは、神の子でありながら、卑しい犯罪人として死んだイエス自身をも表現しています。

イスラーム哲学から来た アリストテレスの逆襲

 イスラーム圏のアリストテレス学者

　イブン・ルシュド（ラテン名**アヴェロエス**）は、現スペインのアンダルシアで活躍したイスラーム哲学者です。**彼の主な哲学的仕事は、アリストテレス作品の**註解**（解説）**です。中世哲学においてアリストテレスは、ごく一部の論理学著作を除き、ほとんどが忘れられていました。

　しかし、ユダヤ圏やアラビア圏では読まれており、アリストテレスの自然学や形而上学が、イブン・ルシュドを介して再び西ヨーロッパに戻ってきました。これが中世の自然哲学の始まりとなります。

　アリストテレスの自然哲学のうち、特に神学者たちを驚かせたのが、自然学における宇宙の自立性**と、魂論における**知性単一説**の２つです。**それぞれ、キリスト教神学とは相容れない思想を含むものです。

 自然や宇宙は独立して永遠に存在する

　まず、宇宙の自立性の話をしましょう。アリストテレスの理論です。

　アリストテレスにとって自然は「運動の原理を自らのうちに持つもの」、つまりほかのものの助けなしに独立して存在するものです。自然は造られたもの（被造物）ではなく、自生してきたものです。しかもその一部（天上の宇宙）は、永遠に存在します。**自然はある時点で無から有へと発生したのではなく、決して生成消滅せずにあり続ける**ものです。

　一方、キリスト教にとって自然とは、神が創造したものです。自然は神なしには決して存在できません。自然や宇宙を神から独立の、しかも永遠なる存在と見なす思想自体が、キリスト教の思想からすれば異端です。

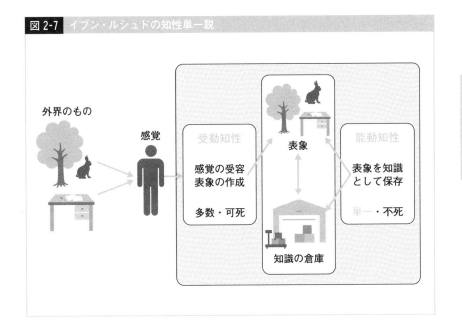

図 2-7　イブン・ルシュドの知性単一説

外界のもの

感覚

受動知性

感覚の受容
表象の作成

多数・可死

表象

能動知性

表象を知識
として保存

単一・不死

知識の倉庫

第1章
【古代】
自然哲学
vs
形而上学

第2章
【中世】
キリスト教
vs
ギリシア哲学

第3章
【近代】
自然世界
vs
人間理性

第4章
【現代】
旧哲学
vs
新哲学

 知性単一説　知性は共通、違いは肉体だけ

　もう1つの「知性単一説」は、なかなか尖った思想です。イブン・ルシュドのアリストテレス解釈によれば、個別の知性は存在せず、知性は全体で1つだといいます。これはたとえば「共通の知識や知性によって、互いに意思疎通できる」などといった意味ではありません。**人間の本質は知性にあるとすれば、イエスとパウロは本質的には同じ存在であり、2人の違いは非本質的な肉体だけ**になります。要するに、**個性の否定**です。

　現代では、個性こそがもっとも尊重されるべき価値ですが、「個性というのは肉体面だけに現れる、非本質的なものだ」という話です。ふつうに考えれば、肉体と同様に知性も多数あるように思えますが、イブン・ルシュドはなぜそんな見解を持つのでしょうか。

　まず、アリストテレスの見解を確認しましょう。知性は魂の働きの1つで、個別的な部分と普遍的な部分があります。個別的な部分とは身体（質

料）と結びついており、身体を通じて私たちは個別の現象を受容します。この知性の働きは「受動知性」と呼ばれます。

　知性にはまた、身体に結びつかない普遍的な部分もあります。この部分は、受動知性が受容した個別の現象を、知識として整理する働きを持ちます。こちらは「能動知性」と呼ばれます。

　要するに、**魂には個別的な部分と普遍的な部分があり、後者（能動知性）が真に知性**といえるものです。そして当然、普遍的だから単一だとイブン・ルシュドは解釈します。魂の不滅も単一部分のみに当てはまります。

 ## なぜ知性は身体に結びつかないのか

「身体に結びつかない知性の普遍的部分」というのは、わけがわからない考えにも思えますが、ちゃんと理由があります。

　たとえば目は透明な部分を持ちますが、これは色を見るためであるとアリストテレスは考えました。目に色があったら、色眼鏡を通じて色を見ているようなものだからです。同様に、鼻に匂いがあったら、舌に味があったら、と考えてください。つまり「バイアスがあったら物事を正しく理解できないよね」という話です。

　だから知性には、身体によるバイアスと無縁な部分がなければならず、それが能動知性です。**能動知性は目の透明な部分と同じ**です。だから人間は物事を色眼鏡なしで正しく理解できるのだと考えられました。

 ## ひとりひとりを特別に配慮する神を求めて

　知性単一説に従えば、人間の本質であるはずの知性が共通であり、個人間の違いは肉体だけになります。そのため、死後には個性は残りません。また、アリストテレスの自然観では、神（不動の動者）は個物への配慮など一切しません。キリスト教の神学者たちは大変困りました。なぜなら、アウグスティヌス以来の神と私との関係が崩壊してしまうからです。

　私たちは神の恩恵なしには善を行えません。**この恩恵は、神が私たちひ**

とりひとりに**配慮するから存在するもの**です。神が人間を配慮するという根拠は、聖書の記述です。たとえば『創世記』に「神は自分に似せて人間を造った」とあるのが根拠の1つです。自分に似せるとは、知性を持つという点です。知性こそ人間の本質であると考えられています。

しかし知性単一説では、個人間の違いを生むものは知性ではなく肉体です。であれば、もしも神が配慮する対象が、人間一般ではなく個人個人なのだとすると、その配慮の対象が私たちの肉体ということになりかねません。しかし、肉体は永遠不滅の魂や知性を配慮する手段にすぎません。

✝ 知性の独立は、個人の独立につながる

これまでの話を整理すると、①**知性が人間の本質**であるという点、②**神は私たちひとりひとりに配慮し恩恵をもたらす**という2つのポイントがあります。この2点をつなげるには、知性が単一であってはなりません。

それにしても、なぜ知性単一説や神の配慮の話が重要なのでしょうか。少し現代にもひきつけつつ説明してみるならば、**私たちの個性は、肉体にだけでなく精神（心）においても存在するといえることが、心（内面）が独立していることの証明になる**からです。

たとえば、内面の独立を保障するのは人権です。「万人は（神により）平等に造られた」という言葉が、近代における人権の根拠となりました。

もちろん、神がいなくてもひとりひとりは平等だとか特別だとか、言うには言えます。しかし、その根拠は人間同士の相互利害に基づく取り決めにすぎません。もちろん、根拠がないなら人権は尊重しなくていい、という話にはなりません。むしろ、超越的な根拠や普遍性がないからこそ、がんばって尊重しなければならないし、熾烈な闘争も起こります。

権利や配慮の対象をどのように規定するかという議論は、今日の倫理や哲学のホットなトピックでもあります。それらも、古くはギリシアとキリスト教の対立や、神や自然の関係といったテーマにまでさかのぼれます。古代・中世哲学は、現代人の関心と決して無関係ではありません。

『神学大全』とは どういう書物か

 スコラ哲学の完成者

『神学大全』の著者トマス・アクィナスは、アウグスティヌスと並ぶ中世哲学の二大巨頭と評価されています。

　トマス哲学の全体像をたとえるとすれば、巨大なスケールと秩序を持つ文学作品です。トマスより少し後の時代を生きたイタリア詩人ダンテの『神曲』（地獄篇・煉獄篇・天国篇からなる叙事詩）は、「トマスの『大全』の詩的表現」と評価されたこともあります。

　本書では、**トマスの哲学が達成したといわれる「信仰と理性の調和」**の中身と、『神学大全』の大まかな全体像を紹介します。

 信仰と理性はお互いを必要とする

「信仰と理性の調和」とは、さしあたっては、理性（論理）によってわかることと、信仰によって信じることの区別です。しかし、**信仰と理性は、お互いを排斥するのではなく、必要としています。**

　信仰には、理性ではわからない部分がもちろんあります。ですが、それは直ちに理性の否定を意味しません。というのも、理性の能力とは知ることですが、わからない事柄を考え尽くすことで、理性は自らの能力を開花させるものだからです。

　また、信仰のほうも理性を必要とします。なぜなら、あまりに非合理でくだらないと思うことは、そもそも信じられないからです。

　この理性と信仰との協力関係は、外から保証されているわけではありません。この関係は、ひとりひとりが思索を深めていくことで、習慣のよう

に徐々に形成されるものです。トマスの哲学は、この実践そのものです。

『神学大全』の3つのテーマ

　主著『神学大全』は、キリスト教の信仰とはどんなものかを説明した、全45巻の大著です。内容は3部に分かれ、**第1部が神、第2部が人間、第3部がキリストを主題**とします。それぞれ、①存在そのものであり、諸存在の根拠としての神、②存在を認識する知性的存在としての人間、③人と神とをつなぐ神秘としてのキリストが主題です。

　これらの記述は、それぞれ神を知り、神が造った世界や自分自身を知り、さらに神が人として受肉したキリストを知ることを目的としています。

トマス哲学の根本にある神の規定

　ここからは、神と人間とキリストのそれぞれを見ていきましょう。

　まず、もっとも重要な神についての規定です。**神とは「自ら（の力）によって自存する存在そのもの」**といわれます。

　トマスはアリストテレスの哲学の枠組みを受けて、人間などの自然存在や人工物を、質料（肉体）と形相（精神）の混合物だと見なします。トマスはこれらの存在を「複合実体」と呼びます。

　これに対して、神とは「純粋な形相」であり、「単純実体」と呼ばれます。神は質料と混ざっていないからです。また、形相は物体ではないため、外部の力で破壊されることもありません。したがって神は単一であり、永遠です。この単純実体（神）が、もっとも必然的な存在です。

神とは存在することが本質に含まれるもの

　神の存在の仕方と、万物の存在の仕方は、まったく違います。

　トマスは神を**「存在が本質に含まれるもの」**と考えます。本質とは、それを欠けばそれでなくなる性質のことです。他方、私たちやまわりのものは、「ない」ことがありうる存在であり、存在と本質は別ものです。これが

第1章
〔古代〕
自然哲学
vs
形而上学

第2章
〔中世〕
キリスト教
vs
ギリシア哲学

第3章
〔近代〕
自然世界
vs
人間理性

第4章
〔現代〕
新哲学
vs
旧哲学

神とその他の存在の決定的な違いです。私たちがまわりのものに対して日常的に使う「存在」という言葉とは、同じ言葉であっても質も次元も異なることもわかります。

　自分自身を原因として存在するのは神だけです。したがって、万物は究極には**「神から存在を受け取る（分有する）」**という形で存在し始めたとしか考えられないのです。

　これをまとめて表現すると、「実在するものは、本質と存在を持っている」となります。万物は、本質と存在を別々に持っているのです。

　以上は、神による天地創造説の哲学的解釈といえます。聖書では物語のように神が天地を造ったと書かれていますが、神を哲学的に解釈することで「万物の存在の原因は何か」の考察になります。まさに古代ギリシア以来の「万物の根源」についての問いですね。

　こうして**トマス哲学の根本原理として「万物の存在の原因としての神」**が規定されます。万物は、自らの存在の原因を神に負う被造物です。

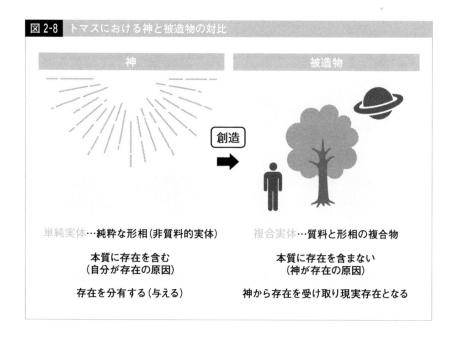

図 2-8　トマスにおける神と被造物の対比

神　　　　　　　　　　　　　　被造物

創造 ▶

単純実体…**純粋な形相(非質料的実体)**　　　複合実体…**質料と形相の複合物**

本質に存在を含む　　　　　　　　　　本質に存在を含まない
（自分が存在の原因）　　　　　　　　　（神が存在の原因）

存在を分有する（与える）　　　　　神から存在を受け取り現実存在となる

人間とは知性を持つ動物

神の規定に引き続き、人間の規定を見ましょう。ここでのポイントは、**人間の本質は「理性（知性）を持つ動物」**といわれることです。人間は、身体と知性という２つの側面を持つ存在という意味です。人間は、知性を持つ点で動物と区別されます。

また、知性は質料を持たないという点も重要です。人間は自らのうちに知性という質料に由来しない実体を持っており、その点において、人間はほかの動物よりも神と類似しています。

 知ることは人間にとっての幸福

ところで、人間の本質が知性にあるというのは、現代では評判が悪い考えかもしれません。動物にも知性はあると考えるのが自然ですし、人間を特権化して動物を不当に貶めるような思想に見えるからです。

しかし、トマスをはじめとする過去の哲学者たちが、人間と動物の知性が質的に異なることを強調するのには理由があります。それは、**知ることが、人間にとっての最大の幸福だという考え**があるからです。

その考えの代表的な哲学者が、アリストテレスです。『神学大全』の人間の部は、彼の倫理学が下敷きになっています。アリストテレスにとって人間の幸福とは、自らに固有の能力（＝知性）の発揮と実現です。したがって、最高の認識が最高の幸福であり、それは神を知ることです。

トマスはこの見解をさらに推し進めました。アリストテレスのいう神を知ることは不完全であり、**キリスト教の信仰によって、より完全な形で神を知ることができるというのがトマスの考え**です。

つまり、アリストテレスがある意味で形式的に述べた最高の知＝幸福を、トマスはギリシア哲学とキリスト教のあらゆる論理と言葉を駆使して、語ろうとしました。それがよく表れているのが、『神学大全』第３部にあたるキリストに関する考察です。

キリストとは人となった神

キリストとはイエス・キリストのことで、神が人間として「受肉」した存在といわれます。言い換えれば、神であると同時に、人間であるような存在です。これは理性でわかる話ではないので、信仰されるべき事柄です。

キリスト論で語られていることの１つは、受肉の意味です。**「なぜ神は、わざわざ人になったのか」**という問いです。

これに対するトマスの答えを短く述べると、人間知性が最高の認識（＝最高の幸福）に到達できることを、神自身が人間たちに示すためです。というのも、私たちは受肉によってイエス・キリスト、つまり人となった神を直接見る（＝認識する）ことができるからです。

キリストは、神と人間とを結びつける存在です。神が人になることに、必然性はありません。にもかかわらず**受肉が行われた理由は、神は人間を愛しており、希望を与えるため**だと考えられます。

そういう神の働きや意志を知ることによって、人間もまた神を愛し、信仰し、希望を持ちます。これが「愛・信仰・希望」というキリスト教の伝統的な徳目とつながります。

キリスト教哲学の原動力

以上、『神学大全』の構成に沿って、トマスの哲学を紹介しました。**彼の哲学を一言で表せば、キリスト教神学によるギリシア哲学の完成**です。

改めてポイントを述べると、知性は信仰によってより深く物事を知ることができるという見解が重要です。信仰による、知性の開花と自己実現。これが、理性の限界（哲学）を超えて、信仰にかかわる事柄（神学）を探究する理由です。宗教と哲学が協力して、真理を探究しています。

これはトマスに限らず、**キリスト教哲学の全体に共通する学的探究のモチベーション**です。しかし、信仰と理性との調和した姿を、もっとも壮大なスケールで描き出した点において、トマスの右に出るものはいません。

どうして「これ」と指させる 何かが存在するのか

 個物はなぜ、どのようにあるのか

　ヨハネス・ドゥンス・スコトゥスは、中世後期に活躍した哲学者です。スコトゥスとはスコットランドのことで、「スコットランドはドゥンス村のヨハネス」という名前です。

　スコトゥスは大きく2つの重要な哲学問題を残しました。1つは「存在の一義性」という存在一般についての哲学。もう1つが「個体化の原理」という個物についての哲学です。「普遍の問題と個の問題」ともいえます。本書では普遍論争の話が何度か出ている文脈もあるため、「個体化の原理」について取り上げます。

　個体化の原理とは、**「いかにして個物は存在するのか」**という問題を扱います。「個物」とは「このもの」「これ」と指さして特定できるものと考えてください。「机」や「人間」は個物ではない普遍的なものの名前ですが、「この机」や「〇〇さん（名前）」は個物です。

 「個」とは共通点が何もないこと

　なぜ個物の存在が問題になるのかというと、「個」は「普遍」よりもはるかに謎めいた存在だからです。たとえば私たちは人間ですが、人間とはある種の普遍です。私たちに共通の性質を取り出して、それを「人間」とか「動物」とか呼んでいます。

　しかし「個」は取り出せません。「個」は、なんらの共通点をも持たないからです。だから私たちは、「個」や「個性」という言葉に、「唯一無二」「かけがえのなさ」といった価値を与えるのです。個は個であるがゆえに尊

く、河原の石ころさえ、個としての尊さを持つといえるはずです。

 アリストテレスの個体論

　ではそのような個を個たらしめる原理は何でしょうか。先にスコトゥス
の回答をいうと「このもの性」という哲学用語で呼ばれるものです。これ
は要するに「個はどんな既存の要素や概念によっても説明できない、特別
な存在なのだ」という考えの表明だといえます。

「このもの性」は重要概念ですから、少しさかのぼってアリストテレスや
トマスの考えを紹介します。個体化の原理をめぐる問題は、アリストテレ
スに由来し、トマスも論じたことです。

　さて、アリストテレスによると、同じ人間であるＡさんとＢさんとを区
別できるのは、身体が違うからです。アリストテレス用語でいえば、個物
は、形相（人間性）ではなく、質料（肉体）によって区別するということ
です。たしかに、**形相とは普遍つまり共通性なのですから、形相が個を作
り出すはずがありません。**

　ところが、身体ももちろん形相を持っています。どんなに小さな細胞で
さえ、ある種の普遍性を帯びています。だから個性は質料に由来するとは、
単純には言えないのです。

 トマスの個体論

　もちろんトマスはこの問題に気づいており、非常にスマートな答えを導
きます。それが「指定された質料」です。「指定」とは「特定の時間と空間
のうちに存在する」という意味です。

　先ほど、個物とは「これ」と指させるもののことだと説明しましたが、**あ
るものを「これ」と指さすことは、その時間とその空間のことも指定して
いる**ことになります。この時間と空間の指定が、まさに「個」を「個」と
して指させる条件になっています。なぜなら「同じ時間と空間に、異なる
ものが同時に存在することはできない」からです。

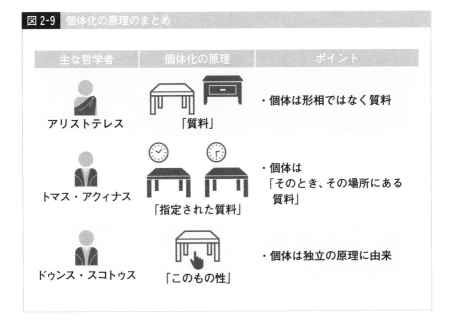

図 2-9　個体化の原理のまとめ

主な哲学者	個体化の原理	ポイント
アリストテレス	「質料」	・個体は形相ではなく質料
トマス・アクィナス	「指定された質料」	・個体は「そのとき、その場所にある質料」
ドゥンス・スコトゥス	「このもの性」	・個体は独立の原理に由来

第1章
〔古代〕自然哲学vs形而上学

第2章
〔中世〕キリスト教vsギリシア哲学

第3章
〔近代〕自然世界vs人間理性

第4章
〔現代〕旧哲学vs新哲学

117

　これは簡単な話で、テーブルの上にものが置いてあったら、それをどかさない限り、そこに別のものを置くことはできません。だから**「そのとき・その場所に存在する質料（物体）」によって「個」を特定できる**ことになるのです。トマスの「指定された質料」とは、「これ」と指さすとき、私たちは何を指さしているのかを、厳密に考えた哲学です。

　しかし、スコトゥスは、ある意味ではトマス以上に「これ」について考察し、驚くべき見解を述べました。

「指定された質料」の問題点

　以上のトマスの説明は、あくまで個体化の原理を質料に求める延長線上の試みです。しかしこれでは、指さした「これ」が個体であることは説明できても、「なぜ指させるような個体が今ここにあるのか」という原理までは説明できていません。

　また、「このとき・この場所にある」とは、推理小説のアリバイのような

ものであって、その個物にとって本質的なことではありません。Ａさんが
Ａさんという個体である理由が、「5時半にコンビニの雑誌コーナーにいた
からだ」なんて言われても、納得する人はいないでしょう。

　個の存在は、ほかのものとの共通点、つまり普遍性を決して持たない以
上、質料や形相といった概念では説明できないものです。ましてや物体の
位置によって説明するなどもってのほかです。

 ## 「このもの性」とは個を説明する原理

　**スコトゥスは「個において個であることを根拠づけているもの（原理）
は何か」**と問いました。その原理が「このもの性」と呼ばれます。

　わかりにくいネーミングですが、「これ」と指させる個体が、いかなる形
相も媒介せずに直接成立することを意味しています。

　ふつう私たちが物事を理解するときは、必ず何らかの共通点（普遍性）
を媒介させます。たとえば「これは白いペンだ」と言った場合、「白」や
「ペン」といった普遍（形相）を理解している必要があります。

　しかし、普遍（形相）は決して個体の原理になりません。形相も質料も、
個体を個体として成立させる原理としては不十分なのです。

　個体とは不思議な存在です。現実に存在するのは、たしかに個体です。ま
た、この世界には個体しか存在しないと考えることもできます。

　しかし、個体とはある意味では、あってもなくてもかまわない、替えが
利くものでしかありません。私たち自身も、さまざまなものを替えが利く
ものとして扱っています。でも同時に、それらは個体である以上、かけが
えのない唯一無二の存在であることもまた事実です。

　スコトゥスの「このもの性」とは、目の前にある「これ」が「これ」と
して存在する原理を示す語です。「これ」という認識は、一見もっとも素朴
で平凡な認識です。しかし、深く突き詰めれば、「これ」とは私たちの理解
をはるかに超えた、驚くべき存在です。

「神はロバでもよかった」と言って破門された哲学者

 「オッカムの剃刀」で有名な中世哲学者

オッカムは、トマスやスコトゥスを批判した中世末期の哲学者です。オッカムの剃刀は、後述するもともとの意味のほか、現代では一種の思考法として知られています。「何かを説明するための理論や根拠は、複雑よりもシンプルであるべき」という指針です。

 思ったことをすぐ口にしちゃう人物

オッカムは人となりがおもしろいです。彼は、どうも自分の言論をオブラートに包めない人物だったようです。たとえば彼は**「神は自然法則を無視できる」**という考えでした。神とはどんな必然性にも制約されない、完全に自由な存在です。神の意志や行いにはなんの必然性もない、つまり偶然的なのだといいます。偶然は必然よりも根源的だという考えです。これだけでも、独特でおもしろい考えですよね。

さらに彼の贖罪論は人々を激怒させたそうです。贖罪とは、神が人の子（イエス・キリスト）になって、人間の罪を贖ったという話です（パウロの節を参照）。オッカムいわく、神は偶然的であるがゆえに、人の子になったことにいかなる必然的な理由もない。だからもし神が意志すれば、石やロバになって人類を救済することもできたであろう、と。

さすがにこんなことを言ったらタダではすまないでしょう。今風にいえば、悪意はないけれど不道徳に思われることを言って炎上してしまう人です。実際オッカムは破門されて、フランスからドイツへと逃げました。

ひとまずは笑い話のように紹介しましたが、**神の意志の絶対性・偶然性**

はオッカムの思想の根幹なのです。

 実体の数は必要最小限であるべきだ

オッカムの剃刀は「実体」というアリストテレスの哲学に由来する概念にかかわっています。実体とは「それ自体で存在するもの」「ほかの存在に依存せずに存在するもの」のことです。オッカムの剃刀とは**「実体の数は必要最小限であるべきだ」**という意味です。実体とは世界を構成する要素なので、実体の種類や数がいくつあるのかという問題は重要です。

普遍論争でいえば、普遍は実体なのか（実在論）、実体ではないのか（唯名論）という問題です。オッカムは、普遍を実体とするのは、実体を不必要に増やしているだけだという唯名論の立場です。

 個物だけが実体だ

オッカムの立場は、大変わかりやすいです。**まず個人や個物が存在して、互いに似ているところを抽象したものが普遍的なもの**と考えます。

普遍論争の復習ですが（アベラールの節を参照）、たとえば河原にたくさん転がっている硬くて小さいものを見て、これに「石」という名前を与えます。転がっている1つ1つが実体で、石はそれらを一言で表すための名前にすぎません。これが唯名論です。

対して普遍を実体と認める実在論は、「石という共通点もまた実体であり、それが個体化の原理などによって1つ1つの石になる」と考えます。

 自由な意志は各人にとって確実なこと

オッカムが個物を実体とする考えは、自由意志の話と深い関係があります。オッカムは、個人がひとりひとり自由な意志を持つことを、自明で確実なことであると述べました。

そして**意志の本質とは、偶然性と未決定性**です。この節の最初に神はどんな必然にも制約されない存在と述べましたが、人間ひとりひとりもその

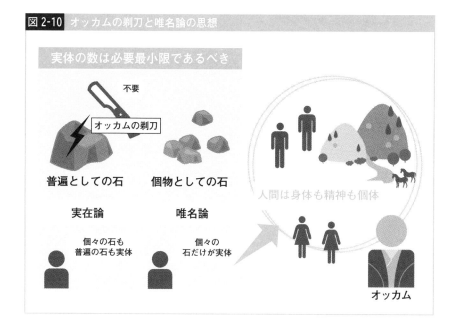

図 2-10 　オッカムの剃刀と唯名論の思想

実体の数は必要最小限であるべき

不要

オッカムの剃刀

普遍としての石　　個物としての石

実在論　　　　　　唯名論

個々の石も　　　　個々の
普遍の石も実体　　石だけが実体

人間は身体も精神も個体

オッカム

神の偶然性を備えているのです。

　つまり、私たちひとりひとりは、何らかの外的な原理によって個人として存在しているのではありません。**各人に内在する意志によって、私たちは互いに区別され、異なる個人として存在している**のです。ここから、個人の人格とは「他人の人格とは交換できない完全な存在である」と把握する思想に到達します。

　また、自由意志を重んじるオッカムの思想は、パウロの信仰義認説やアウグスティヌスの恩恵論とは異なる、自由意志による救済説と結びつきます。パウロの節で述べた「行為義認説」や「能動的義」が、オッカムの立場であり後世ではオッカム主義ともいわれます。オッカム主義に対して、改めて信仰義認説を論じたのが、宗教改革の中心人物であるルターです。

　このように**意志とは、キリスト教社会のヨーロッパにおける、西洋哲学の根本的な重要概念**です。ちなみに、西洋形而上学の終わりとも評される**ニーチェ**の思想も「力への意志」と呼ばれるものです。

121

ギリシアとは一味違う、キリスト教の神秘主義

 異端宣告された神秘主義者

エックハルトは、中世後期の神秘主義哲学者として有名です。生前から異端の嫌疑がかけられ、オッカムが異端審問をかけられた同時期に、フランスのアヴィニョンに滞在していました。エックハルトは異端審問中に亡くなりますが、その死後間もなく異端判決が下されました。

エックハルトの神秘主義は、「自己の放棄」や「神を受け入れる」といった概念が特徴的であり、魂の「根底」にある力を重視しています。

 己を無にして放棄する

中世の神秘主義の全体的な特徴として、自己の放棄が挙げられます。もちろん中世に限らず、どんな神秘主義にも共通する考えではありますが、中世では特に「神を受け入れる」という考えがよく出てきます。

たとえるなら、**心は家のようなもので、神は客人**です。お客を家に招き入れるには、家の中を掃除しないといけません。ましてや今回のお客は神なのですから、最高のおもてなしをしなければなりません。してみれば、家の中にはホコリひとつあってはならない。家（心）を清浄な状態に保ってはじめて、神を受け入れる準備が整うのです。

つまり、**何かを最大限に受け入れたいなら、容器は空っぽなほうがいい**ということです。そのため、自我のない空っぽな心のあり方が目指されます。実際、エックハルトは「自己の放棄」や「離脱」といった言葉を多用しています。もちろん、学問に励むだけでなく、ふだんの生活も規律正しく生きることが奨励されます。

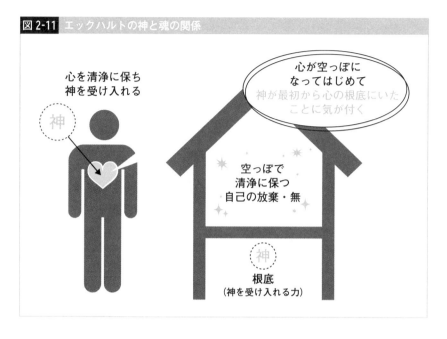

図 2-11 エックハルトの神と魂の関係

心を清浄に保ち
神を受け入れる

神

心が空っぽに
なってはじめて
神が最初から心の根底にいた
ことに気が付く

空っぽで
清浄に保つ
自己の放棄・無

神

根底
（神を受け入れる力）

第1章
〔古代〕
自然哲学 vs
形而上学

第2章
〔中世〕
キリスト教 vs
ギリシア哲学

第3章
〔近代〕
自然世界 vs
人間理性

第4章
〔現代〕
旧哲学 vs
新哲学

 魂の「根底」にある力

　エックハルトの思想には「根底」という独特な概念があります。この概念はさまざまな呼ばれ方・使われ方がなされるのですが、ざっくりと言えば、**根底とは魂の機能**だと考えられています。その力の１つが「器」です。

　器とは、神を受け入れ、とらえる力です。また、人間の魂の最高の能力発揮は神を知ることなのですから、結局その器が、魂のあらゆる能力の根底にあるということになります。こうした魂の根底に神が宿り、また人間のもっとも神的で高貴な部分といわれます。

　そして、神が根底に宿るとき、人間は神と１つになるといわれます。

　プロティノスの古代神秘主義と比較すれば、プロティノスは「一者」への上昇や帰還を説きました。一方**エックハルトの神秘主義では、神へと上昇するのではなく、受容が説かれます**。自らの魂の根底に、神が最初からずっと存在しており、自分とは別の存在ではなく、もとから一緒であった

ことを発見するといわれます。

謎めいた神秘主義者ヒルデガルト

エックハルトと関連して、「神を受け入れる」という発想をもとにして独特な思想を語った**ヒルデガルト**という神秘主義者がいます。

ヒルデガルトは、聖書で規定された一見ネガティブで客体的（受動的）な女性像を逆手に取って、「神を受け入れる」という点において、男性よりも女性が優位にあるかのような発想をします。

聖書には、女性（イヴ）は男性（アダム）のあばら骨から作られたと書かれています。禁断の果実を食べた、無知で罪深い存在です。

現代では女性差別的な記述といえるかもしれません。しかしヒルデガルトは、**自我も知識も持たない存在であるなら、女性こそが神を受け入れることができる**という認識を示しているようにも見えます。

また、女性は無学だという見解を建前にして、ヒルデガルトは独自の用語や言語を自作します。そのような**謎めいた私的な言語こそが、神の言葉を直接に受け入れ、語るもの**なのです。

理性的・能動的という言葉は、通常はポジティブな意味を持ちますよね。しかもしばしば男性に帰されます。その批判としてフェミニズムも登場しました。しかし、「神の受容」という神秘主義の文脈においては、むしろ男性的とされがちな**理性や自立性、公共性といった属性あるいは能力が、かえって神の受容を妨げる弱点・欠陥になる**という洞察を、ヒルデガルトは示しています。

本書では、ベルナール、エックハルト、ヒルデガルトに代表される中世の神秘主義者たちのユニークな特徴を紹介しました。中世の神秘主義というと、ひたすら神がどうこう言っているだけで、全然おもしろくなさそうというイメージもあるかと思います。しかし実は、さまざまな人物が出自や経歴にとらわれずに、多様な思索を展開する豊かな世界でした。

あまり知られていない ルネサンス期の哲学の始まり

 ## ルネサンス時代を切り拓いた詩人

　ペトラルカは、イタリアの詩人です。『カンツォニエーレ』というイタリア語による恋愛詩が有名で、近い時代のダンテ『神曲』やボッカッチョ『デカメロン』と並ぶ、人類史上に残る文学作品を残した人物です。

　ペトラルカに哲学者という肩書はふさわしくないのですが、いくつかの哲学的作品を書いています。また「ルネサンスの父」といわれるなど、歴史的に見て重要な人物です。

 ## ルネサンスとは「文藝復興」

　ルネサンスというと、絵画のような芸術作品が花開いた時代というイメージがあるでしょう。しかしルネサンスは、日本語では「文藝復興」と翻訳され、古代ギリシア・ローマの文芸に、大きな関心が持たれた時代です。

　ペトラルカは、これらの文芸作品の収集に血道を上げた最初期の人物です。彼に端を発した古典再発見の活動は、ヒューマニズム（人文主義）といわれています。**ヒューマニズムとは、もともとはこうした文学を読んだり研究したりする活動**を意味していました。

　ペトラルカが特に関心を持った哲学は、古代ギリシアではプラトン、ローマではキケロとセネカでした。また、学問的に特に重要なのは、歴史家**リウィウス**についてです。彼はリウィウスの断片的なテクストを収集・編集して、まとまった１つの作品として読めるようにしました。古代ローマ史の第一級の史料であるリウィウスの作品が現代で読めるのは、ペトラルカのおかげです。

ここからはペトラルカの哲学について見ていきましょう。

まず図式的に整理すれば、**ペトラルカはプラトン・アウグスティヌス主義**といえます。アリストテレス主義が浸透した大学のスコラ哲学に対して、彼の哲学は修道院的な哲学です。スコラ哲学が論理と知性を用いるのに対して、ペトラルカの哲学は修辞と感性を用いるイメージです。**ロジックのスコラと、レトリックの修道院**、と理解しておきましょう。

ペトラルカの哲学的著作の代表は『わが秘密』です。プラトンやキケロのような対話篇で書かれました。主要テーマは意志と倫理です。

意志は、中世哲学やキリスト教の重要な概念です。意志は、人間が悪をなす原因にもなるため、正しい意志を持つことがキリスト教の倫理です。

また、ペトラルカは「自己欺瞞」について独自の理解をしています。**自分では正しい意志を持っているつもりでも、他人から見ればまったくそうは思えない状態**のことです。自分は正しいと考える人に対して、実は間違っていることを教え、考えや姿勢を改めさせることは難しいですよね。

これが自分自身の場合になると、修正はもっと難しくなります。そもそも間違いに気が付きませんし、それを教えてくれる人もいないのですから。

つまり、自分が正しいと思い込んでいる状態にいかに気が付くか、いかに自己欺瞞から脱するか。これがペトラルカの哲学のテーマでした。

そして、**自己欺瞞に気が付くために、ペトラルカが用いたツールが対話**でした。しかも生の対話ではなく、古典を模範とした対話篇です。その作品に自分自身を登場させ、自分が心の師と仰ぐ大哲学者アウグスティヌスを登場させ、自分の誤った考えを指摘・論駁させます。

ペトラルカは理論や体系を残した哲学者ではありませんでした。しかし、詩人としての天賦の才に恵まれた彼は、**古代哲学を模範としつつ、優れたレトリックを用いて自分自身の生き方や心の内面を厳しく吟味した**点で、優れた哲学者といえるでしょう。

第2章 【中世】キリスト教 vs ギリシア哲学　　　　　　ブルーノ

第1章
【古代】
自然
哲学
形
而
上
学
vs

第2章
【中世】
キリ
ス
ト
教
ギ
リ
シ
ア
哲
学
vs

第3章
【近代】
自然世界
人間理性
vs

第4章
【現代】
旧哲学
新哲学
vs

近代科学に焼き滅ぼされた「無限宇宙」

 ## 火刑になった哲学者

　時は1600年、日本では関ヶ原にて天下分け目の大決戦が行われ、江戸時代へと移り変わる頃、西洋イタリアでは、ある異端哲学者の裁判と判決の執行（火刑）が行われました。

　彼の名前はジョルダーノ・ブルーノ。「無限の宇宙」「汎神論（自然すべてが神の一部だと考える思想）」など、当時でも現代でも世迷い言としか思えない学説を唱えた自然哲学者です。聖職者でありながら**コペルニクス**の太陽中心説・地動説を擁護し、学説のためにキリスト教信仰を捨てました。

　ブルーノの生涯とその思想は、古代の自然哲学（原子論）の再生と死、中世の終わりと近代の始まりを象徴する、哲学の歴史の重大な1コマです。

 ## 古代原子論に由来する無限宇宙論

　ブルーノの中心的な学説は「無限宇宙」です。無限宇宙の基本的な発想は、古代の原子論に由来します。ブルーノは原子論を、ローマ詩人ルクレティウスの作品から学びました。

　原子論のモチーフは「真実には原子と空虚のみ」でしたね。あらゆる存在は原子から成り立ち、無数の原子が無数の宇宙を構成します。ブルーノは原子論の考えを土台に、宇宙は無数にあり、空間も無限だと考えました。

　空間が無限であれば、あらゆる場所が中心となることを意味します。したがって、宇宙の中心は地球か太陽か、などといった議論は無意味になります。あらゆる星々がそれぞれ宇宙の中心となるのです。ブルーノはコペルニクスの学説を一部受け入れましたが、「中心は太陽か地球か」といった

問いは、無限宇宙の考えからすれば無意味になります。

　空間が無限だとしたら、何が言えるのでしょうか。私たちひとりひとり
でたとえてみましょう。

　私にとって世界とは、私を中心にしてしか現れないものです。他人目線
になることは絶対にできませんから。どんな生き物の場合でも同じです。

　では、なぜ個物と世界の関係はそういうふうになっているのでしょうか。
そんなことは当たり前すぎて考えたこともないでしょう。しかし、ブルー
ノの空間の無限性は、その根拠になります。つまり、**自分が中心になるの
は空間的事実として当然**だということです。ブルーノは、個物は自分を中
心にしてしか存在できないという当たり前の事実に、根拠を与えたのです。

　この思想は、これまで本書で説明してきた**「個物の価値を見出そうとす
る中世後期の思想の歴史」**として眺めてみても、圧倒的にスケールの大き
な思想です。なにせ万物それぞれが宇宙の中心なのですから。

　それに比べると、「人間は神の像として作られたから価値がある」などと
いうキリスト教哲学は、なんだか了見が狭く感じてしまうほどです。そり
ゃブルーノが異端視・危険視されても不思議ではありませんよね。

　宇宙が無限であるというブルーノの自然哲学は、古代の自然哲学と同様
に、観察ではなく知性で把握するものでした。**観察という手法を用いない
ことで、宇宙を一気に把握する巨大なスケールの思想**が生まれます。

　しかし、観察できない「無限」という概念に自然の基礎を置くような自然
哲学は、まもなく始まる近代科学によって、ほぼ完全に消滅してしまいます。
古代から連綿と続いてきた自然哲学は、ブルーノの火刑において滅び、そ
の後に観察と実験を基礎とする自然科学が誕生します。キリスト教は自然哲
学を滅ぼすと同時に、近代科学の母体となります。

古代・中世の哲学書を
保存してきた名もなき人々

 中世で哲学はどのように保存されたか

　中世の時代には、今でいう哲学史のような本はほとんど作られませんでした。古代では、ディオゲネス・ラエルティオスの作品があり、これが貴重な史料でした。哲学者たちの生涯や思想について、さまざまな逸話も含めて、収集し報告する形でした。

　一方で中世では、過去の哲学者たちの考えに「註解（注釈）」をつけることによって、哲学のテクストが保存されました。たとえば、イブン・ルシュドの作品は、すべてアリストテレスの著作に注釈をつけたものでした。著作の題名も『アリストテレスの「魂について」の大註解』などという名前です。これらは大学・スコラ哲学の流れです。

　これに対して、修道院では古くから「命題集」という形式で哲学者たちの作品を保存しました。代表的なものが**ペトルス・ロンバルドゥス**という神学者の『命題集』です。これは、信仰上の疑問に対する教父たちの考えを、彼らの著作から収集したものです。たとえば冒頭は「三位一体説」がテーマで、三位一体説を理解する助けになる記述をアウグスティヌスの作品から整理しながら集めています。

　命題集は非常に重宝され、大学でも利用されます。教えるうえでの教科書としてはもちろん、特定の命題集に註解をつけることが大学の試験科目として課されたりしました。

　こうして、中世で展開された思想が保存されるとともに、ルネサンス期

に古代作品の再発見がなされます。このような伝統を受けた近代において、はじめて古代からの哲学史が登場します。

✝ 古代・中世の書物は羊皮紙で保存された

　もう1つ、物理的な観点からの話もあります。当たり前ですが、作品を保存するには、それを書く紙が必要ですよね。古代ギリシア時代の紙は、主として「パピルス」という草を原料にしていました。しかし、パピルス紙は何百年単位での保存には適しておらず、新しい紙に書写し直すことで作品を保存してきました。これらを「写本」といいます。

　古代末期から中世にかけて、「羊皮紙」など、動物の皮を原料にした紙が用いられるようになりました。羊皮紙は貴重でしたが、そのぶん長期保存に適しており、重要な著作が厳選されて羊皮紙に書き写されました。書き写す仕事をしていた人々のことを写字生といい、修道院で生活するキリスト教聖職者の重要な仕事でした。

　また、羊皮紙は再利用されることもあり、書かれた部分を薄く削って別の作品が書かれました。主に、**古代ギリシア・ローマの作品を削り取って、キリスト教関係の作品を上書き**しました。現代の科学技術によって、削り取られた部分も一部復元されて、貴重な作品が見つかったこともあります。

　たとえば**プラトンの著作で、現存する最古の写本は9世紀に書かれた**ものです。今から1200年ほど前の書物が残っているのは驚きですよね。しかもネット上で無料公開されています。プラトンが生きていたのは紀元前4世紀ですから、今からおよそ2400年前です。プラトン作品の最古の書物は、ちょうど1200年の時を挟んで現代に伝わっているのです。

　キリスト教は、アレクサンドリア図書館の焼き討ちなど、異文化にとても非寛容で、破壊するというイメージがあるかもしれません。しかし一方で、古典作品を保存・維持する作業も連綿と行われ続けていたのです。

　今でも古代・中世の文学や哲学・科学を知ることができるのは、羊皮紙の利用と写字生の几帳面な仕事のおかげです。**貴重な作品を後世へ残すという使命のもとで、伝統を守り続けてきた**からです。

【近代】
自然世界
vs 人間理性

第3章 近代 あらすじ

ヒュームの大学所在地
エディンバラ
ストックホルム
デカルト晩年の地
バークリの大学所在地
キルケニー
ホッブズ、ロックらの大学所在地
ケーニヒスベルク
オックスフォード
カントの出身地
ハノーファー
ロンドン
スペンサーゆかりの地
アムステルダム
ライプニッツゆかりの地
スピノザの出生地
イェーナ
パリ
イェーナ大学所在地
パスカル・コント
ゆかりの地

哲学の舞台

新しい学問・新しい哲学を
作り上げようとした時代

　近代哲学の舞台はギリシアやローマを離れ、イギリス・フラン
ス・ドイツを中心とするヨーロッパです。近代哲学のはじめは、イ
ギリスやフランスの哲学者たちが中心です。スコラ哲学を批判し
て、新しい学問を作る気運に満ちた時代です。

　また、近代のドイツでは現代の大学の基礎となる制度が確立し、
哲学者たちは大学で研究・講義をするようになりました。

　近代哲学の大きな関心の1つは、人間の認識能力です。人間は
何を知ることができるのか。それは確実な認識といえるのか。い
わゆる「認識論」が近代哲学の中心テーマです。

第1章
【古代】自然哲学 vs 形而上学

第2章
【中世】キリスト教 vs ギリシア哲学

第3章
【近代】自然世界 vs 人間理性

第4章
【現代】旧哲学 vs 新哲学

イギリスの哲学「経験論」

イギリスの哲学は、いわゆる「経験論」といわれる哲学が中心です。その始まりはベーコンです。ベーコンが提案した新しい学問は、科学技術の発展に伴い、物事を科学的に観察することを重視するものでした。イギリス経験論の特徴は、形而上学の批判や生得観念の否定です。ロックやヒュームが経験論の哲学者といわれます。

フランスの哲学「合理論」

フランスの哲学は、いわゆる「合理論」といわれる哲学が中心です。その始まりはデカルトです。デカルトも新しい学問を提案します。それは思考や論理による確実性を重視するものでした。学問の基礎を確実性に置くことが合理論の特徴です。スピノザ、ライプニッツなどが合理論の哲学者です。

ドイツの哲学「ドイツ観念論」

ドイツの哲学は、カントに始まる「ドイツ観念論」といわれる哲学です。カントは合理論の確実性と、経験論の妥当性を調停し、理性（思考）そのものの能力と限界を検討しました。その後、フィヒテ、シェリング、ヘーゲルと続き、理性の能力についての再吟味とともに、歴史への関心が生じてきます。

ヘーゲル以降の哲学の展開：実証主義

哲学の歴史では、ヘーゲルが１つの時代を画する哲学として扱われています。ヘーゲルは自分の哲学をもって哲学の歴史の完結を宣言したからです。以降の哲学は、主にヘーゲルやドイツ観念論への批判として再スタートします。その１つが科学的実証主義で、イギリスのスペンサーやフランスのコントがいます。

「イドラ」に注意して、物事をよく観察せよ

 新しい時代の新しい学問

　フランシス・ベーコンは、デカルトとともに近代最初の哲学者といわれるイギリスの哲学者です。

　ベーコンは時代意識に敏感な人物で、自らの時代を新しい時代と認識し、これまでの諸学問を一新することを志しました。そこでベーコンが注目したのが、自然研究です。

　ベーコンはこれまでの中世哲学におけるアリストテレス的な自然哲学を厳しく批判しました。スコラ哲学の自然研究は、自然や経験そのものから遊離してしまっていると考えたからです。

　これまでの自然研究の方法を批判しつつ、彼が新たに重視した方法とは「観察」です。**物事を観察するとはどういうことかを分析して論じたのがベーコンの哲学**といえます。

 観察による自然探究は哲学なのか

　歴史を振り返れば、**哲学にとって自然観察とは、自然を劣った仕方で見るもの**と評価されていました。それはパルメニデスの哲学にまでさかのぼります。そもそも哲学とは、自然の根源を認識しようとするタレスの試みから始まりましたよね。

　他方で、パルメニデスの哲学とは、観察によっては自然の始源は決して認識することができないことを示すものでした。観察では、いくらでも原因をさかのぼれてしまうからです。

　このパルメニデスの哲学は、基本的に正当と見なされました。その結果、

観察ではなく論理・思考によって自然の本質をとらえることが、哲学の方法となりました。言い換えれば、概念や言葉のほうを重視し、自然をそれらに従属させるというのが従来の哲学の方法でした。

このような哲学の趨勢に反旗を翻したのが、ベーコンです。彼はこのような見方に異を唱え、まったく逆の話をします。すなわち、**概念や言葉こそが人間知性が持つ重大な偏見の源泉であり、自然をあるがままに観察することを妨げている**のだと述べます。

これを明らかにするのが、有名な「イドラ」という概念です。

 ## 誤謬の源泉を取り除く「イドラ」

イドラとは「偶像」という意味で、アイドルの語源です。イドラは私たちの誤謬の源泉、勘違いの根本原因です。

ベーコンは学問の基礎を「観察」に置き、事物をあるがままに観察するための条件として、「イドラ」を知り、常に偏見の可能性を念頭に置いて観察することを求めました。

ベーコンは『新機関』という著作で、イドラを4つに分類します。「種族のイドラ」「洞窟のイドラ」「市場のイドラ」「劇場のイドラ」です。それぞれの詳細は次ページの図版をご覧ください。

こうしてベーコンは、**人間が人間として生きる以上、絶対に避けられない偏見**をイドラとして明らかにしました。そして、これらのイドラの存在を知り、常に念頭に置いて注意することで、自然をできるだけ直接観察することが新しい学問のあり方だと述べました。

 ## 観察とイドラを基礎にする学問

ベーコンの観察やイドラの話を一言で言えば、**客観性の確保**です。

ベーコンは、人間による観察という特殊な事情をできるだけ排除し、普遍的・客観的に認められることを知識と呼ぶことにしました。知識とは何かということを新しく規定するとともに、このような知識を獲得する方法

が諸学問の基礎となるとベーコンは考えました。

つまり、ベーコンの思想の意義は、観察とイドラによって近代自然科学の基本的な発想を作り上げたことといえます。

イドラは、一度知ればOKというものではなく、後述するデカルトの「方法的懐疑」と同様、常に念頭に置いて注意すべきものとして挙げられています。

つまり、**根拠もなく自分の考えを正しいと思い込む自己欺瞞に陥らないための指標がイドラ**です。

さらに重要な意義は、**ベーコンの哲学は、形而上学・超越哲学に対する批判になっている**ことです。ピュタゴラスやパルメニデスに始まり、近代でもデカルトからヘーゲルにいたるまで連綿と続く形而上学に対する警告となっています。

ベーコンによる形而上学批判は、イギリス経験論としてのちのロックやヒュームに続きます。

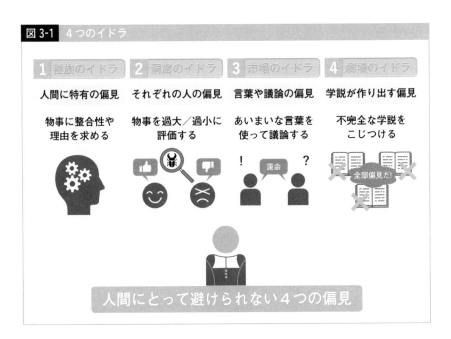

図3-1　4つのイドラ

1　種族のイドラ　　2　洞窟のイドラ　　3　市場のイドラ　　4　劇場のイドラ

人間に特有の偏見　それぞれの人の偏見　言葉や議論の偏見　学説が作り出す偏見

物事に整合性や理由を求める　物事を過大／過小に評価する　あいまいな言葉を使って議論する　不完全な学説をこじつける

運命

全部偏見だ！

人間にとって避けられない4つの偏見

結局「我思う、ゆえに我あり」の何がすごいのか？

 ## 放浪の野良哲学者

　デカルトは、近代哲学の父ともいわれるフランスの哲学者です。「我思う、ゆえに我あり」または「私は考える、私は存在する」という言葉は、哲学の中でももっとも有名な言葉でしょう。『方法序説』では、彼自身が半生を振り返る記述があり、若い頃に従軍経験をするなど、諸国放浪の生涯を送りました。

　ちなみにデカルトをはじめ、**近代初期（近世）の哲学者は大学に務めず、公職（公務員）や私講師（家庭教師）などをしていたことが特徴的**です。近代は野良哲学から始まり、しかもその内容は「私」についてです。

　本書では、デカルトの哲学を理解する３つのキーワードを説明します。それぞれ「方法的懐疑」「コギト」「機械論的世界観」です。

 ## 「方法的懐疑」という哲学の始め方

　デカルトは優等生で、中世哲学を非常によく学びました。そのうえで、これまでの哲学は不確実な前提の上に議論が始まっており、そもそも出発点から合意が取れていないような無秩序な状況だと感じていました。そこで、誰もが同意できる**確実な出発点と確実な方法に基づいて、新しい哲学を語りたい**と考えていたようです。

　その確実性を担保するものが「方法的懐疑」です。このいきさつの詳細は、『方法序説』や『省察』などの著作に書かれています。

　では、いったいなぜ懐疑が哲学の確実な出発点を保証できるのでしょうか。それは、力の限り疑って、それでも疑いえない言論があれば、それは

137

真理だと考えざるを得ないからです。「力の限り疑う」のが、方法的懐疑の大切なポイントです。

　というのも、デカルトは自ら懐疑を行っている最中に、しばしば「論理的には容易に疑えるが、実質的にはこんな疑いは狂気だ」と口にします。たとえば「感覚は誤ることがある」は誰でも納得できますが、「私は今座っている」「目の前に紙がある」を疑うことは難しい。こういうギャップをデカルトは必ず書き記しています。つまり、**疑いたくても自分の「正常な理性」が、その疑いを許してくれない状況に直面している**ということです。

　単に理屈だけで疑えると言っているわけではありません。デカルトは「そんな疑いばかげているよ！」と言いたくなるところまで疑い抜きます。これが「力の限り疑う」ということ、もっといえば「自分の頭で考える」ということです。

夢の懐疑　誰もが夢の中では狂っている

　デカルトは『省察』の冒頭「第一省察」で、懐疑を遂行します。まず目の前の紙の存在を疑います。理屈では疑えますが、本気で存在しないかもしれないと考えることはかなり困難で、ばからしいとさえ思えます。

　しかし、ある気づきによって、そのばからしさが驚きと恐怖に変わります。それが夢の懐疑です。夢を見ているとき、私たちはどんな支離滅裂な状況でも、本当のことだと信じ込んでしまいます。つまり、**夢の中では誰もが狂人と変わらない**という事実があります。

　その一方で、今夢を見ているのか、目覚めているのか。それを判断する根拠は何かと言えば、自分の感覚ですよね。

　ところがその感覚とは、夢の中でまったくありえないことを本当だと信じ込ませるものです。こうしてデカルトは、感覚が時として狂気に通じていることに気が付きます。**感覚では正気と狂気の線引きさえできないのに、私たちは平気で真偽の判断基準に使っています。**夢の懐疑を通じた反省によって、この私たちの真偽の判断の危うさが明らかにされます。

理性をよく用いる実例が方法的懐疑

　デカルトの懐疑の意義は、「理性をよく用いる」（『方法序説』のテーマ）実例を提示していることです。一見くだらない、無意味に思える疑いが、実は正当な疑いであることを、夢の懐疑は教えてくれます。

　デカルトの**懐疑のステップは、夢・計算・悪霊**です。計算のような、正しさが自明に思えるような知識でも、それを正しいと判断する根拠から疑います。そして、それらの**知識が確実ではないと疑える十分な理由を提出するというプロセス**で進みます。

　これらの例から、デカルトの懐疑の真骨頂がわかります。それは「**実は根拠がないのに、それを真理と思い込む状態**」が、まさに私たちの理性のふだんのあり方だと示していることです。

 ## コギトとは確実性が私にあることの発見

　これらの懐疑を経た「第二省察」で、デカルトはどうやってもその正しさを疑いえない考えを発見します。それがいわゆる「コギト（我思う、ゆえに我あり）」です。

　コギトとは、ラテン語で「私は思う・考える」という意味です。すなわち、何かを考えている私は存在する。その**考えがどんなに狂っていても、悪霊に欺かれていても、考えている私自身は存在する**。こうしてデカルトは、「考える私の存在」を確実な真理と見なしました。

　目の前にある紙は疑えるのに、考える私の存在が確実だといえるのは、考えることが行為だからです。紙や私の身体は物体ですが、考えることは物体ではありません。考えるという行為が身体なしでもできる可能性は十分にありますが、私の存在なしに考えることはできません。

　また、同じ行為でも、歩くなどの行為は身体を伴います。本当は歩いていないのに、歩いていると錯覚することはありえます（例：夢）。しかし、本当は考えていないのに考えていると錯覚することはありえません。何か

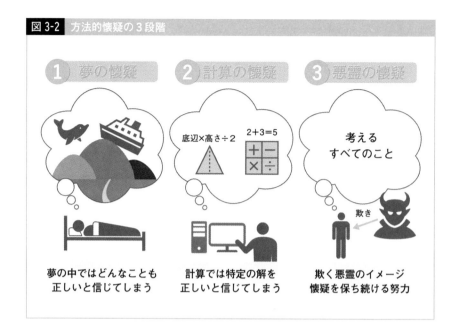

図 3-2　方法的懐疑の３段階

1　夢の懐疑　　2　計算の懐疑　　3　悪霊の懐疑

底辺×高さ÷2　2+3=5

考える
すべてのこと

欺き

夢の中ではどんなことも
正しいと信じてしまう

計算では特定の解を
正しいと信じてしまう

欺く悪霊のイメージ
懐疑を保ち続ける努力

を疑うことは、考えることそのものだからです。

　コギトの発見とは、疑うという行為に確実な真理があることを発見した
ものです。**近代哲学は、真理が「確実性」を意味するようになったことを
もって始まりました。**その確実さの判断基準の源泉は懐疑です。懐疑こそ
が新しい哲学の始まりになりました。

機械論的世界観という革命

　方法的懐疑とコギトのほかにも、デカルトは革命的な思考の転換になる
発想をした人物です。その１つが、「機械論的世界観」です。機械論的世界
観とは、自然や生命を一種の機械だと見なして、原因と結果、作用と反作
用といった物理的な側面のみから考察することです。

　機械論的世界観は、しばしば「目的論的世界観」と対比されます。中世
を支配した世界観は、アリストテレスに由来する目的論的世界観でした。た
とえば歯はものを噛むためにあるなど、自然は何かしらの目的を持って運

動・存在するという世界観です。実際そうとしか思えませんから、かなり合理的な考えです。

ただし、目的論的世界観の正しさの根拠は、デカルトの目には疑わしいものに映りました。**人間にとって妥当で正しく思える考えが、自然にとってそのまま妥当で正しいとは限りません。**一見合理的な考えに見えても、それが不確実でありうるということは、先ほどの方法的懐疑で確かめましたね。デカルトが懐疑を通じて採用した「機械論的世界観」では、自然は機械（精神を持たないもの）と見なされます。精神を持たない物体が目的を持って運動することはないので、目的論的世界観は疑わしくなりえます。古代から中世まで支配的だった世界観が、ここで揺るぎ始めました。

 技術が発達すると機械論も発達する

ただし、機械論的世界観の意義は別にあります。目的を持たない運動ということなら、古代の原子論の主張と大して変わりません。

機械論的世界観の意義とは、機械をモデルにして自然の運動を解明できることです。つまり、新しい機械が登場すると、新しい理解が生まれます。

たとえば、デカルトの時代の機械といえば時計でした。デカルト学派のマルブランシュなどは世界を時計にたとえます。あるいは、水車やポンプから、心臓をポンプになぞらえて、血液が循環するという発想が出てきました。

2020年代で注目されているのはAIですね。AIの学習モデルに、人間や動物たちの学習モデルを当てはめることで、人間の認知機能やコミュニケーションに関する新しい発見が行われています。

このように、新しい機械の出現が新しい思考を促すという点で、機械論的世界観は圧倒的な生命力を持っています。**科学技術がイノベーションを起こすと、新たな思考パターンを獲得する**わけです。目的論的世界観は人間の想像力しか活用できませんから、発想の豊かさが桁違いです。

デカルトとともに出現した機械論的世界観は、今日のすべての学問を根底で支える思想となっています。

しょせん「私」とは利己的な存在だと認めなさい

 「万人の万人に対する闘争」

　ホッブズは、政治哲学の書『リヴァイアサン』で有名なイギリスの哲学者です。家庭教師や書記官を務めるかたわら、政治哲学や数学についての著作を刊行していました。ちなみに、デカルトは50歳前後で亡くなりましたが、ホッブズは90歳以上生きた長命の哲学者です。

　ホッブズの哲学といえば、社会契約論を基礎にした政治思想が有名で、「万人の万人に対する闘争」という言葉には聞き覚えがあるはずです。また、リヴァイアサンとは、旧約聖書『ヨブ記』などに出てくる巨大な力と身体を持つ海の怪物の名前です。ホッブズは国家をこの怪物になぞらえました。容赦のない、**無慈悲ともいえる政治哲学は、ホッブズの人間や物体の哲学から結果した**ものです。

 非物体的なもの（精神）の独立を否定

　ホッブズの哲学は、できるだけ余計な要素を排除して、単純明快な1つの原理を求めるものです。

　その手始めに、**非物体的なものが独立に存在することを否定**します。デカルトは懐疑を経て、精神は物体と並んで独立した存在だと考えました。しかし、ホッブズの考えでは、いわゆる精神とは物体を感覚することから生じる欲求のことです。つまり、物体なしに生じることはありません。

　精神が存在しないなら、哲学が解明することは、物体が感覚器官に作用する機序に限られます。ホッブズにとって、あらゆる認識は感覚作用に還元されるものです。このような思考は、今でいえば哲学よりは科学に近い

ものです。**ホッブズの哲学は、きわめて科学的**だともいえます。

第1章
【古代】自然哲学
形而上学
VS

第2章
【中世】キリスト教
ギリシア哲学
VS

第3章
【近代】自然世界
人間理性
VS

第4章
【現代】旧哲学
新哲学
VS

 ## 自由意志を否定した「自己保存」の原理

精神の独立を否定するホッブズは当然、自由意志を否定します。自由とは制約を受けない能力のことですから、独立した精神が存在しなければ自由も存在しないからです。

もちろん、まったく意志を持たないわけではありません。意志は欲求の形で存在します。私たちの究極の欲求は「自己保存」であり、自己保存のためにプラスになると感じられるものは快としてこれを求め、マイナスに感じられるものは苦としてこれを避けます。つまり、意志とは自己保存の欲求に基づく快苦の計算・判断です。

自由意志の否定が意味するのは、**誰も自己保存の欲求を無視して生きることはできないというホッブズの人間観**の表明です。

 ## 私とは利己的である

デカルトの節で、近代哲学とは「私」という主観とともに始まったと述べました。ホッブズにおいて「私」とは、自己保存の欲求です。私はあらゆる手段を用いて、私自身の力や存在を増大させようと試みる存在です。私以外の存在は、すべて私の道具であり、手段です。

ここから、人間は自然状態（秩序やルールのない無法状態）では、「万人の万人に対する闘争」の状態であるとホッブズは述べます。力の強いものが支配し、弱いものは支配されるという世界です。

しかし、こうした無法状態では、片時も安心できません。力が強いものでも、寝首をかかれたら一巻の終わりだからです。そこで人々は安心を得るために、契約によって共同体や法を作り、その結果、文明社会が発生します。

こうした流れは、ホッブズの政治思想で必ず説明されることです。その根本には、**「精神の独立の否定」「自由意志の否定」や「自己保存の欲求としての私」といった哲学**があることが確認できます。

ホッブズの哲学の特色は、個体への注目とまとめられます。ホッブズは人間の多様な性格や行動を、すべて「自己保存」と規定しています。これは**人間を群れ（類）としてではなく、個体（個）として見ている**のです。

　古代と比較すれば、アリストテレスは「人間は政治的動物である」と言いました。彼は、明らかに人間を群れとして見ています。

　種や類といった普遍の視点ではなく、「私」という個体の視点から人間の本性を観察する。これがホッブズないしは近代哲学の特徴的な視点です。

　ホッブズの視点は、冷酷非情なものにも見えますし、人間の多様性を「自己保存」と完全に一元化しているので、あまりにも単純すぎるという批判は成り立つでしょう。ただし、人間の活動をシンプルな原理によって説明しようとする点、**ほかの動物と比べて人間を特別扱いしない**点は、現代でも評価されています。

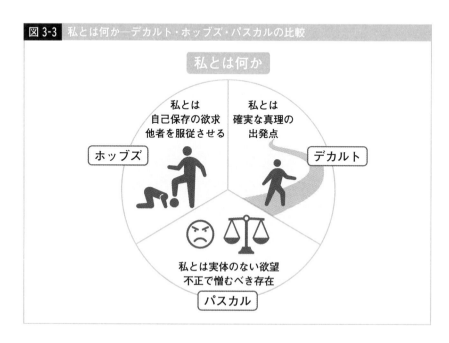

図 3-3　私とは何か―デカルト・ホッブズ・パスカルの比較

なぜ哲学者たちは
不正にものを考えるのか？

第1章
【古代】
形而上学
自然
哲学
vs

第2章
【中世】
ギリシア哲学
キリスト教
vs

第3章
【近代】
人間
理性
自然
世界
vs

第4章
【現代】
新哲学
旧哲学
vs

「人間は考える葦」といった哲学者

パスカルは、『パンセ』で有名なフランスの哲学者です。論証数学の天才でもあり、現在でも天気予報などで使われている気圧の単位「ヘクトパスカル」は、彼の名前に由来します。

『パンセ』は長大な論考ではなく、短い格言や断片的なメモが集まった作品です。親しみやすい哲学的人生論として、日本でも古くから愛読されていました。**三木清**という戦前の哲学者が、パスカル論『パスカルにおける人間の研究』を出したことも有名です。

『パンセ』で有名な言葉が「人間は考える葦である」です。自然宇宙における人間の卑小さ・ちっぽけさを雑草にたとえました。しかし、その葦は考える。「考える」という点に、人間の特徴があることを示す格言です。

「考える」とは、限りなく偉大な能力であると同時に、限りなく不正な能力でもあります。**人間の偉大と不正を鋭く見つめた哲学者がパスカル**です。

人生はみじめで不幸であることを自覚せよ

『パンセ』のテーマは「キリスト教信仰の擁護」です。その意味では「護教論」「弁神論」といわれる内容です。しかし、パスカルの論じるキリスト教信仰を持つべき理由が独特でおもしろいため、キリスト教とは無縁の人たちからも愛読されています。

パスカルはまず、**いかに私たちの人生が不幸で悲惨なものか**を論じます。いきなりネガティブな断言をして、とにかく人間は不幸な存在なのだと私たちに自覚させようと力説します。

なぜなら、人間は生きている限り、誰しも幸福を求めざるを得ないとパスカルは考えるからです。自殺でさえ幸福を求めて実行されるものだとパスカルは言います。

　しかしあらゆる幸福とは一時的なものにすぎません。それはみんな知っています。知っているからこそ、生きている限りはよりよい状態、より大きな幸福を求めてしまいます。そして**どう足掻いても、永続的な満足など得られません。**そういうわれわれの生き方を観察したパスカルはこう述べます。「人間というものは、倦怠の理由が何もないときでさえ、自分の気質の本来の状態によって倦怠に陥ってしまうほど、不幸な者である」

 ## 「私」は不正で憎むべき存在である

　今のは人生論（幸福論）的な話題でしたが、哲学的な話題に移ります。これまで論じてきたように、近代哲学は「私」への着眼を大きな特徴とします。パスカルも「私」についての考察を残しています。それが**「私とは不正で憎むべき存在である」**というものです。

　ホッブズの「私」は、自己保存の欲求をあらゆる根底に置きます。自分の利益のために他者を手段として利用し、支配しようとします。たしかにこのような「私」とは、不正な存在でしょう。

　では、デカルトの「私」はどうでしょうか。ある意味ではホッブズ以上に不正です。なぜなら、デカルトの「私」は、もっとも確実な真理を「私の存在」であると考え、「私」から世界を理解しようとするからです。特に、神でさえ「私の存在の起源」ということで、「私」から理解されるのです。

　以上を踏まえて、パスカルは「私には２つの性質がある」と述べます。１つは「自分をすべての中心に据える点」。もう１つは「他者を従属させようとする点」。前者はデカルトの私に、後者はホッブズの私に対応します。**単なるちっぽけな葦が、すべての中心になる。**これをパスカルは「不正」と呼んでいます。

「私」とは欲望である

では、その「私」の正体とは、いったい何なのか。パスカルによれば、**「私」とは、ほとんど実体のないもの**です。

パスカルはこんな例を出します。誰かが私を愛する、または尊敬するとします。その理由は容姿でも地位でも優秀な能力でもなんでもいいです。

いずれの理由にしても、それは私自身とは異なるものだ、とパスカルは言います。なぜなら、年老いて美貌を失っても、地位を失っても、能力が衰えても、私は私だからです。

そして、人々が誰かを愛するとすれば、その人に付帯する性質を愛しているにすぎません。その人自身を愛するということは、逆立ちしても不可能だとパスカルは述べます。結局、その人自身つまり私なんてものは、あるのかないのか、はっきりしないようなものです。

にもかかわらず、**「私」とは自分自身をすべての中心に据え、他者を支配しようとするという、度外れな欲望を持った存在**です。

 ## 私の哲学から神の哲学へ

そんな「私」を中心に据えたデカルトの哲学を、パスカルは「無益にして不確実」と述べます。**近代の原理とでもいうべきデカルトの哲学の本質をいち早く察知し、それを世界に対する不正だと攻撃**しました。

パスカルが優れた科学者・数学者であることを考えれば、ベーコンやデカルトの精神を体現する人物だともいえます。しかし同時に、彼らの哲学の本質を不正と見なすような精神の持ち主でもありました。

これまでのパスカルの話は『パンセ』のごく前半で、後半で神についての考察がなされます。近代哲学は、「私」の哲学と同時に、「私の存在の原因」としての「神」の哲学もまた、中心テーマになりました。哲学の歴史としても、デカルトの哲学に親しんだ**スピノザ**は、デカルトが「私」から哲学を始めたことに異を唱え、「神」から哲学を始めると表明します。

感情に振り回されずに 生きるためのものの見方

 ## 『エチカ』とは倫理学・生き方という意味

　スピノザは、オランダ出身のユダヤ人哲学者です。彼の哲学はユダヤ教とキリスト教に対する根本的な批判になるため、生前はほとんど著作を公刊せず、主著の『エチカ（倫理学）』も死後に出版されました。

　スピノザ哲学の特徴を一言で表せば、必然性の哲学です。私たちは、物事を必然として認識することはできるのか。これが『エチカ』のテーマです。そして、この世界で生じるあらゆる事柄が、例外なく１つの必然性から帰結することを論じた哲学書です。その摂理を認識する努力によって、人間はよく生きる（能動的に生きる）ことができるとスピノザは述べます。

 ## 常識外れの世界観を持つ哲学

　スピノザの哲学の世界観は、私たちの常識とは相当かけ離れています。というのも、『エチカ』冒頭からいきなり、**「存在するのは唯一の無限の実体（神）だけであり、万物はその現れ（様態）にすぎない」**と述べるからです。「様態」とは、独立の存在ではなく状態・性質だという意味です。

　実体と様態の関係とは、人間と感情の関係みたいなものです。ある人が怒っているとき、そこに現れている怒りは単なる状態や性質であり、怒りがその人自身とは別に独立して存在するわけではありません。何か必然的原因があって、その人の状態が怒りとして表れているわけです。

　神（実体）と自然の関係もそのようなものです。万物は神の性質を現しているにすぎません。神と自然とが別々に存在するわけではありません。何か必然的原因があって、神の性質が自然として表れているだけです。

それを論じるにあたって**スピノザが対決したのは、いわゆる「目的論的世界観」であり、それを掲げるキリスト教哲学**です。

 ## 目的論は原因ではなく、作用因が真の原因

目的論的世界観とは、何かが存在する原因を目的に取る価値観のことです。「目はものを見るためにある」「キリンの首が長いのは高い木の葉を食べるためにある」など、ものの存在理由を役立つかどうかや、調和しているかどうかで考えることです。

しかしスピノザは、目的論を厳しく否定します。それは、ものの存在理由を人間の尺度で判断しただけの、単なる想像の産物だからです。目的因によって必然的な認識にたどりつくことはありえません。

それに対してスピノザが真に必然的な原因と見なすのは、「作用因」です。作用因とは、ふつうには物理的原因です。科学の対象になるような物理現象の原因を、目的因ではなく作用因で考えることは当然正しいですね。

けれども彼は、物理現象にとどまらず、私たちの**感情や意志や欲求も目的因ではなく作用因で考えなくてはならない**と言います。人間の内面を特別扱いしません。なかなか納得しがたい話ですが、スピノザはそれを証明すべく、感情について考察します。

 ## 誰かを許せないと思う原因も作用因

人間は物事の原因を、目的因的に考えることもできれば、作用因的に考えることもできます。しかし、**目的因的に考える限り、人は不自由で受動的になり、作用因的に考える限り、人は自由で能動的になれる**とスピノザは考えています。感情の原因も同じです。

憎しみを例に取りましょう。Ａさんから不正や侮辱を受けて許せないとします。憎しみを作用因的に考えると「外部原因を伴う悲しみ」と定義されます。外部原因とは、Ａさんのことですね。許せない相手のことを考えると必然的に悲しみ、憎たらしくなります。そして人間は、憎しみを抱く

第1章
【古代】自然哲学 形而上学 VS

第2章
【中世】キリスト教 ギリシア哲学 VS

第3章
【近代】自然世界 人間理性 VS

第4章
【現代】旧哲学 新哲学 VS

相手のことは、害してやりたくなります。これも作用因です。

　作用因で考えることのポイントは、感情の原因を自分の内側だけに限定していることです。**外部原因がなんであれ、ある対象を考えると悲しみが生じる場合、いわば自動的にそれを憎むの**です。ですから、外部原因は偶然的で、別にＡさんでなくてもいいのです。

　では、目的因的に考えるとどうなるでしょう。これは、感情の原因を外側に探すことです。つまり、Ａさんが私を侮辱した理由です。たとえば「Ａさんは私を嫌いだからだ」とか「Ａさんの性格が悪いからだ」など。また「なぜ私を嫌いなのか」とか「なぜこんな性格なのか」など、ずっとさかのぼれます。Ａさん本人を問い詰めても、本当の答えがわかるとは限りません。つまり、**自分の憎しみの原因を相手自身に求めても、正解にはたどりつけません。**

　以上が、作用因的に考えた場合と、目的因的に考えた場合の違いです。どちらが必然的な認識にいたれるのかは、明らかですね。

 ### 自己の感情を知ることで、神を愛する

　整理します。スピノザが目的論（目的因）を虚偽だと考える理由は、物事の必然的な原因にはたどりつけないからです。目的は意志や欲求です。それらはどうとでも解釈できるし、本当に確かめることはできません。そのため、**物事の原因を目的論的に考える限り、私たちは偶然的な原因に依存している**ことになり、いつでも裏切られます。

　他方、作用因はどんな原因も物理現象的に考えるため、原因は１つで、必然的でありえます。なぜなら作用因は、具体的な事例を写象して、「こういう刺激には、こういう反応をする」という点に注目するからです。

　言うなれば、**人間の心の動きをプログラムや虫の活動と同じように観察している**ということです。冷淡な見方かもしれません。しかし、それで自分自身の心の動きの必然性を知ることができるならば、そのメリットは計り知れないとスピノザは考えます。

人間は物事の原因を必然として理解すればするほど、感情に動かされることが少なくなる、とスピノザは言います。当たり前だと感じることには、いちいち驚いたり大げさに反応したりしないということです。

こうして、自己の感情についての必然性を知れば知るほど、自分が感情に振り回されず、穏やかに生きられるようになる。そして、その効果を実感したとき、自然全体の必然性についてもまた、実感できるようになると彼は言います。私たちは、自分の心の内面の必然性を理解することで、自然全体の必然性をも理解できる精神を育て上げることができます。

このような話が『エチカ』の大まかな内容です。スピノザの哲学は、古代から近代を支配し続けた目的論的世界観と対決した哲学です。私たち個物の存在を「様態（性質）」に還元した挙句に、意志や感情まで物理法則的に考えるという、一見とんでもない哲学でした。

しかし、その非人間的に思える哲学が語る生き方のすすめとは、「自分のあり方の原因を知り、自らの精神の偉大さを知れ」というメッセージです。

第1章
【古代】
自然哲学
vs
形而上学

第2章
【中世】
キリスト教
vs
ギリシア哲学

第3章
【近代】
自然世界
vs
人間理性

第4章
【現代】
旧哲学
vs
新哲学

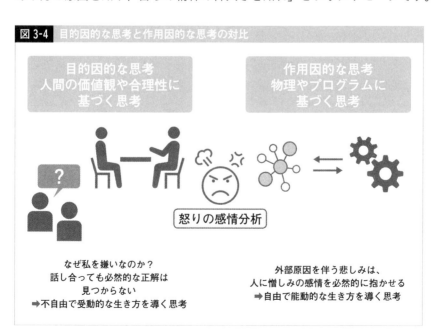

図 3-4　目的因的な思考と作用因的な思考の対比

目的因的な思考
人間の価値観や合理性に
基づく思考

作用因的な思考
物理やプログラムに
基づく思考

怒りの感情分析

なぜ私を嫌いなのか？
話し合っても必然的な正解は
見つからない
➡不自由で受動的な生き方を導く思考

外部原因を伴う悲しみは、
人に憎しみの感情を必然的に抱かせる
➡自由で能動的な生き方を導く思考

こんな世の中でも、論理的には最善なのだ

 存在に関する2つの問い

　ライプニッツは「モナド」や「予定調和」で有名な、存在の問題を考えた哲学者です。モナドとは「1つ・単体の」という意味のギリシア語「モノス」に由来する用語で、「モノトーン（単色）」や「モノラル（1つの音源）」と同語源です。

　ライプニッツの存在の問いのテーマは2つあります、まず**「なぜ無ではなく、何かがあるのか。そしてその根拠は何か」**という問いです。この問いが意味するのは、現実に何かが存在するからには必ず根拠があるはずだという点です。根拠なしに何かが現実にあるということは、ありえないという意味です。

　もう1つの問いは**「現在の世界は、ほかのあり方ではなく、なぜこのような世界なのか」**です。この現実世界のほかにも、頭の上ではさまざまな可能世界が考えられます。たとえば、あなたがこの本を読まなかった世界も当然想定できますよね。しかし現実には何らかの根拠があって、この世界が決定されています。その決定の根拠をライプニッツは問題にします。

 自然には根拠があり、それは非物体

　ライプニッツは最初から「根拠がある」と断言します。というのも、もしも世界の今のあり方にまったく根拠がなければ、そもそも自然法則や連続性が成り立たないからです。

　私たちの世界は時間や空間の連続性に支配されているため、人間が朝目覚めたらいきなり巨大な虫に変身したり、日本列島がいきなり北極に移動

第1章
〔古代〕
自然哲学
vs
形而上学

第2章
〔中世〕
キリスト教
vs
ギリシア哲学

第3章
〔近代〕
人間理性
自然世界
vs

第4章
〔現代〕
旧哲学
vs
新哲学

したりはしません。そういう非連続的な出来事は起こらないため、世界のうちには今あるような何らかの根拠があると考えてよいのです。

また、その根拠は、物体ではなく非物体です。なぜなら、物体とは無限に分割が可能だからです。物体ＡがＡ１とＡ２に分割できるなら、Ａが根拠とはいえません。なぜなら、Ａ１かＡ２のどちらかに根拠があるのだから……という調子で、どこまで分割しても根拠は決定できません。

一方の非物体には、そもそも分割という概念がないため、単純で分割不可能な存在を想定できます。したがって、**世界に何らかの根拠が存在すると考える以上、その根拠は必ず非物体的なもの**です。この非物体的な世界の根拠を、ライプニッツは「モナド」と呼びます。

 モナドとは個物に宿る実体

モナドとは、現実に存在するそれぞれの個物に宿る実体のことです。たとえば私たちの意識は、身体に宿るモナドです。また、意識だけがモナドではなく、身体の細胞１つ１つにも、石ころにもモナドが宿っています。ですから、モナドは世界のいたるところにあります。モナド同士が互いに共存しながら現実に存在している結果が、この世界です。

共存には２つの意味があります。１つは、互いに異なるモナド同士が多として存在していること。もう１つは、異なるモナド同士が共に１つの全体として存在していることです。たとえば、**私の意識という１つのモナドは、身体の細胞の多数のモナドの上に成り立っています。**

 各モナドは能力に応じて世界とかかわる

モナドはそれぞれの仕方で世界にかかわっています。私のモナドは、私の視点から世界にかかわっています。私に見える物事は意識に現れ、見えない物事は意識に現れません。しかし、見えないからといって無関係なのではなく、ただ自分の意識にのぼらないだけです。私の知性や感性が超人的に優れていれば、はるか彼方の宇宙のチリや、過去や未来の出来事だっ

て意識にのぼるかもしれません。

また、細胞も石ころのモナドも同様に、世界にかかわっています。人間のモナドに比べれば、見えるものがはるかに少ないだけです。同じモナドですから、人間も魚も石ころも存在の原理はまったく同じで、能力に差があるだけです。人間だけが特別な存在なのではありません。

このようなモナドの性質から、ライプニッツは**「モナドは世界を映し出す鏡である」**と説明します。すべてのモナドが鏡という点で等しいのです。鏡の性能、つまり大きさや純度や歪みがそれぞれ異なるだけです。

今の世界の根拠は「共可能性」

世界の根拠はモナドですが、なぜモナドが現在あるような世界を形成しているのでしょうか。ライプニッツはそれを「共可能性」という概念を用いて説明します。文字通り、共存の可能性という意味です。

世界に現に存在するものは、互いに共存しています。共存できないもの

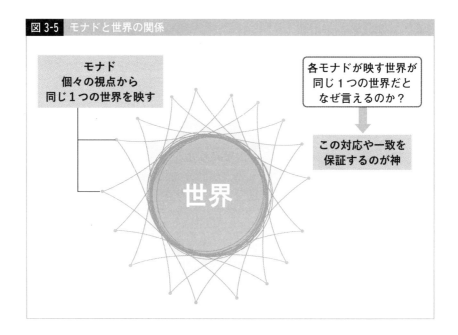

図 3-5 モナドと世界の関係

モナド
個々の視点から
同じ1つの世界を映す

各モナドが映す世界が
同じ1つの世界だと
なぜ言えるのか？

この対応や一致を
保証するのが神

世界

はそもそも存在できないのですから、ある意味では当たり前です。しかし、この「共存」という当たり前の事実こそ、それぞれの個物が現実に存在する条件なのだとライプニッツは考えました。それが共可能性です。

共可能性がわずかでも欠けるものは、存在できません。これは現在の同時的な意味だけではなく、過去から未来までの全時間的にも同様です。

この世界は始まりから終わりまで完全な共可能性に満たされ、完全な多様性を実現しているという結論が出てきます。これが「予定調和」です。

パルメニデスやトマスの形而上学と比較

ライプニッツの形而上学を理解する補助線として、パルメニデスの「存在のテーゼ」を思い出してください。

「ある」とは、「ない」を決して含まないものでしたね。「ある」の中に「ない」がわずかでも入り込んだら、もはや「ある」ではなくなり、直ちに存在をやめます。したがって「ある」は完全に純粋な「ある」として存在するというのがパルメニデスの哲学でした。

パルメニデスの「ある」が決して「ない」を含まないように、ライプニッツにおいては、「共可能性」がわずかでも欠ければ、現実存在できません。いわば、**ライプニッツの哲学は「存在のテーゼの個物版」**なのです。こう表現すると、ものすごい哲学ですね。なにせパルメニデスは、あらゆる個物の実在を否定しています。「ある」は、個物のように区別されるものではないからです。パルメニデスは「ある」とは何かについて思考をフォーカスしたのに対して、ライプニッツは「現実存在」について思考をフォーカスさせたといえます。

トマスの「存在と本質」の話も出しましょう。中世の普遍論争で見たように、個物とは存在の原理を自己自身のうちに持たず、ほかに依存しています。「個物は神から存在を与えられている」と、トマスは考えていました。

ライプニッツも同じく、究極には神の存在が根拠にあると考えます。しかしライプニッツが問題にしたいのは、個物の存在一般の話ではありませ

ん。ある個物（例：ソクラテス）が、まさにこの個物（例：毒杯をあおい
だソクラテス）として決定され、現実に存在している理由です。

　まとめると、ライプニッツの存在の問いは、「なぜ無ではなく、何かがあ
るのか」「なぜ別のあり方ではなく、このあり方なのか」でした。

　まず、存在に何らかの根拠があると言える理由は、自然の連続性であり、
根拠はモナドと呼ばれる非物体の概念です。また、別のあり方ではなく、こ
のあり方をしている理由が、共可能性という概念から説明されました。

　そして、**この世界は過去から未来にわたり、完全なる最大の共可能性と
多様性が実現された「予定調和」の世界である。**これらが必然的な答えと
して、純粋な思考によって導かれる。このような思考の営みが、古代のパ
ルメニデスを元祖とする形而上学であり、その1つの頂点がライプニッツ
の『モナドロジー』という短い作品です。

 なぜ最大の多様性が最善なのか

　最後に、多様性と善の話をしましょう。ライプニッツは、この世界の完全
性から「この世界は最善である」と言います。有名な「最善世界説」です。

　なぜ最善かというと、完全性とは秩序と調和の実現だからです。ピュタ
ゴラスを思い出してください。秩序や調和とは知性によって発見される美
しいもので、私たちに喜びを与えてくれるものです。私たちの知性・精神
に喜びを与えてくれるという理由で、世界は善に満ちているのです。

　ここからは、**ライプニッツの思想の根底には「存在することは善である」
という確信**がうかがえます。善悪とは、社会や道徳的な問題に限られず、き
わめて形而上学的で、世界の存在理由という深い次元で語られるものでも
あるのです。

　現代の社会では、多様性の尊重がほぼ無条件で善だと見なされています
よね。ライプニッツは多様性について「なぜ無ではなく、世界は存在する
のか。なぜこのような世界なのか」という形而上学の根本的な問題から考
察した点で、現代でも最重要レベルの哲学者といえます。

「生まれつきの素質などない」平等の哲学

 市民社会の哲学者ロック

　ジョン・ロックはイギリス出身で、経験論の哲学者です。政治思想の方面でも大変有名で、社会や世界史の教科書ではホッブズや**ルソー**と共に必ず登場して、彼らの社会契約論や権利論を私たちは学びます。

　哲学の方面では、デカルトやスピノザ、ライプニッツが「合理論の哲学」と言われるのに対して、これから紹介するロック・**バークリ**・ヒュームは「経験論の哲学」といわれます。

　ロックの経験論の本質とは、既存の哲学（形而上学）の破壊です。**これまでの哲学がすべて根拠のない虚妄であるという告発こそ、経験論の哲学の最大の特徴**です。ロックでしばしば説明される「生得観念」の批判や、心は何も書かれていない「白紙」であるといった概念は、古代のパルメニデスから始まった形而上学の前提を徹底的に破壊する試みです。

 生得観念は存在しないという告発

　ロックの哲学的主著は『人間知性論』です。その第1巻にてロックは「生得観念」の存在を否定します。生得観念とは、文字通り生まれながらに得ている観念や知識、考え方を指します。

　生得観念の具体例にロックが挙げるのは「あるものはある」「同じものが存在すると同時に存在しないことは不可能（矛盾律）」といった事柄です。これらは、経験によって正しいか間違っているかを確かめる必要がない、普遍的で自明な事柄です。**正しさの根拠が心の内側にあるという意味で、生得観念**と呼ばれます。これらは論理的に正しいので、哲学では論考を進め

る出発点や道具として大いに利用されていました。しかし、ロックはその普遍性を否定します。なぜなら「**子供や知性を欠いた者はこれらを理解しないから**」です。なかなか身も蓋もない理由ですよね。

　また子供の発達の順序としても、まずはたくさん個別的な事柄を経験します。それから普遍的な事柄を理解するようになります。したがって、「あるものはある」は、生得観念でもなければ、誰もが真理と認める普遍的な事柄でもない、というのがロックの考えです。

　先の話ですが、現代の章に登場する**クワイン**という20世紀アメリカの哲学者も、こうした観念の普遍性を問題にしています。

心は「白紙」：哲学の新たな出発点

　これまでの哲学は、生得観念や論理的な真理を出発点にしていました。それを不当と告発したロックは、どこに出発点を置いたのでしょうか。

　それが「白紙」です。心は何も書かれていない白紙のようなものであると、ロックは言います。**白紙の心に、「観念」が書き込まれることが、私たちの思考や知識の出発点**です。観念を得るルートは主に2つで、外部からの個別の経験、または自分の頭の中での観念同士の組み合わせです。

　このように得た、たくさんの観念同士の一致や不一致を確かめることが、私たちの知識の源泉です。**知性の働きとは、多くの観念を整理・結合して、観念同士の関係を理解すること**だとロックは理解します。

　ロックは生得観念を否定して、私たちが最初に観念を得るところは、自分の外側だと言います。つまり、精神の最初の働きは受動的です。スピノザやライプニッツであれほど重視された精神の能動性が、経験論の哲学では受動性に従属させられています。この違いがポイントです。

ロックの哲学的意義は、哲学の市民革命

　ロックの政治思想と哲学の関係についても説明します。ロックの政治思想は、近代の市民社会の基礎を作り上げました。具体的には、王権神授説

の批判と、所有権や抵抗権など市民の諸権利の基礎付けです。つまり、政治や社会とは、一部の支配者の所有物でもないし、**支配者だからといってむやみやたらに特権的な地位にあずかることを許さない思想**です。

　ロックの生得観念の批判とは、いわば哲学における市民社会の基礎付けだと理解できます。つまり、哲学は一部のエリートの所有物ではないし、不当な特権を許さないという考えが、ロックの哲学には表れています。

　というのも、もしも人間には生得観念があると考えるならば、その生得観念を持っていそうもない人は人間扱いされない危惧があります。

　一方、ロックの白紙は、最初は誰も何も持っていないというゼロからの出発点ですから、原理的に全員同じ条件です。生得観念とは、不当な特権であるということです。白紙としての心は、どんな人間にも当てはまる事柄であり、一切の例外がありません。この例外なしが強みです。

　つまり、**ロックの経験論の意義とは、哲学における理念的平等の提示**であり、彼の哲学と政治思想はその根底において一致しています。

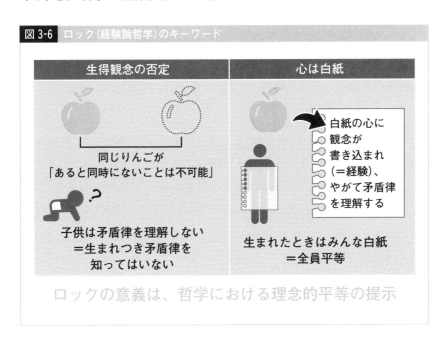

図 3-6 ロック（経験論哲学）のキーワード

生得観念の否定	心は白紙
同じりんごが「あると同時にないことは不可能」	白紙の心に観念が書き込まれ（＝経験）、やがて矛盾律を理解する
子供は矛盾律を理解しない＝生まれつき矛盾律を知ってはいない	生まれたときはみんな白紙＝全員平等

ロックの意義は、哲学における理念的平等の提示

常識的に考えれば、物体は存在しない

物質は実在しないという観念論者

　ジョージ・バークリは「The 観念論者」とでもいうべきアイルランドの哲学者です。代表作は『人知原理論』『視覚新論』『ハイラスとフィロナスの３つの対話』です。いずれも20代の頃に書かれたものです。

　バークリの思想は２つのポイントにまとめられます。①「**存在するとは知覚されること**」であるという存在理解、②物体は実在せず、観念のみが実在だと考える「観念論」という思想です。

　なんて現実と乖離した、常識外れな哲学でしょうか。しかしバークリは著作の中で、あろうことか「自分は常識人の味方で、常識に沿ってものを考える」と何度も強調しています。つまり、物体が存在しないと考えるほうが常識的なのです。「**哲学の役目は、物体が精神の外部にあるという考えが錯覚だと理解することだ**」とバークリは言います。

存在という言葉の意味を変えた

　「**存在するとは知覚されること**」。バークリの思想を一言で表す有名な言葉です。これは存在の条件や意味を語る言葉です。「知覚されること」とは、誰かの感覚や思考の対象になるという意味です。

　しかし、存在するものは、誰かに知覚されていようがいまいが、そんなこととはかかわりなく存在しているものではないでしょうか。つまり、ふつうは「存在するから知覚される」ように思えるのですが、バークリは「知覚されるから存在する」と言っています。このような順序の逆転によるバークリの狙いは、**存在の本質を「知覚される」という受動性によって規定**

第1章
〔古代〕
自然哲学 vs
形而上学

第2章
〔中世〕
キリスト教 vs
ギリシア哲学

第3章
〔近代〕
自然世界 vs
人間理性

第4章
〔現代〕
旧哲学 vs
新哲学

し**直す**ことです。

　これは驚くべき思想です。というのも、これまで歴史では、存在とは何よりも能動的な働きを持つものと考えられてきたからです。たとえばアリストテレスは自然を「運動の原理をうちに持つもの」と規定していました。運動（＝能動性）を自然の本質と考える見方です。デカルトでも、私の存在とは「思う・考える」という能動的な行為によって確信されるものでした。

　一方バークリは、「知覚されていること」という受動的な働きこそが存在の本質であると、あっさり規定してしまいました。

 観念とは頭の中にあるイメージ

　もう1つのバークリの有名な思想は「観念論」です。まず**「観念」とは、私たちの頭や心の中にある考えやイメージのこと**です。観念は多種多様で、知識と呼びうる明瞭な観念もありますし、言葉にもできない漠然とした観念もあります。

　では私たちはどこから観念を得るのかというと2つの源泉があります。1つは、私たちの外部から。もう1つは、私たち自身から。この2つの源泉を「感覚」と「内省」とも言います（ロックによる整理）。

　まず感覚を通じて、私たちは外側から多種多様な観念を受け取ります。これらの観念は、それぞれ個別的な観念です。次に内省とは、外から受け取った、たくさんの観念の整理です。たとえば赤いものの観念をたくさん受け取って、「赤」「色」という普遍的な観念を得ることが内省の働きです。

　ちなみにバークリの思想は、中世の普遍論争でいう「唯名論」の立場とほぼ同じです。外から受け取る個別的な観念のみが実在であり、私たち自身が内側で作り出した普遍的な観念は単なる名前にすぎません。

 物体の存在は観念から推測されるだけの錯覚

　私たちの内側に観念があることは明白ですが、外側に物体があるかどうかは明白ではありません。なぜなら、物体の観念を持っているからといっ

て、その物体の存在の証明にはならないからです。むしろ「外部に物体がある」という考えは、事実の説明ではなく、私たちの抱く観念からの推測にすぎないとバークリは考えています。

　ここで、物体と観念の主従関係が逆転します。つまり、**物体の存在よりも観念の存在のほうが、私たちにとっては確実**なのです。これが「物体は存在せず、観念のみが実在する」というバークリの観念論です。バークリにとって世界とは、物体の集まりではなく観念の集まりなのです。

 ## バークリ哲学の核心

　このように、バークリの観念論とは「普遍」を否定し、徹底的に「意識に現れる個別の観念」のみを実在と考える思想です。

　この**観念論のメリットは、世界を理解するうえで一切の哲学的前提が不要になること**です。たとえばデカルトやスピノザにおいては、世界を理解するためには、神や無限といった哲学的概念について理解しなければなりませんでした。あるいは形而上学を否定したホッブズにしても、「人間の本性は自己保存」などという規定を置かねばなりませんでした。

　しかし、バークリの哲学は「自分の心のうちには、何らかの観念が存在する」という、誰でも体験として理解しているシンプルな事実から出発します。彼の哲学が「経験論」といわれるゆえんです。

　誰でも理解できる体験から、世界を完全に理解すること。これがバークリ哲学の核心といえます。世界とは全体が観念（知覚されたもの）であり、独立した物体は存在しないものとして理解されます。

　ところで、バークリの観念論と正反対な思想は「唯物論」といいます。これは観念のほうの実在を一切否定して、物体だけを実在とする思想です。しかし、バークリは問うでしょう。「物体と観念は、いったいどちらが私たちにとって確実に存在すると言えるのか。それは自分の心のうちにあるものだ」と。バークリが観念論を常識だという根拠は、それが一切の哲学的前提を抜きにして、誰でも理解できる体験に基づいた思想だからです。

「人間は思考を過大評価しすぎ」傲慢と偏見の告発者

 世界には因果関係も心も存在しない

　ヒュームは、スコットランドの哲学者です。代表作は『人間本性論』で、「因果関係」の必然性・客観性を否定したり、「意識」「心」の実在を否定したりと、なかなか不穏当な話をする哲学者です。こういう点で、ヒュームは近代的な懐疑主義の哲学ともいわれます。

　しかし、**ヒュームの哲学とは、人間がいかに自己を過大評価して、その結果、不当な偏見を持つかの告発**です。因果関係や意識を否定するなんて、異常とも思える話も、すべて人間の不当な自己評価を批判するという文脈で考えると、理解しやすくなります。

 必然性や客観性を否定する哲学

　まず、ヒューム哲学の前提を話しましょう。私たちのうちにあるものは観念であり、観念の由来は経験です。生得観念はありません。観念は外から与えられるもの（単純観念）と、うちで作り出すもの（複合観念）の2種類です。これらはロックやバークリと共通する部分があります。

　観念についての前提から、ヒュームは哲学にとっての重要概念の批判を企てます。それは「必然性」「客観性」「普遍性」といった概念です。これらは真理の根拠として有力な概念です。ある事柄が真理といえるのは、そこに何らかの必然性や普遍性が認められるからです。

　特に、因果関係（原因と結果の関係）です。因果関係は、多くの推理の基礎にあります。必然性や客観性のない因果関係なんてありませんよね。しかし、ヒュームは**因果関係には必然性も客観性もない**と述べます。

163

因果関係は人間が作り出した偏見

　因果関係について詳しく考察しましょう。私たちは「スイッチを押すと明かりがつく」など、物事を原因と結果の関係で理解しています。

　ヒュームは因果関係を普遍的な真理と考えずに、蓋然的な真理と考え直しました。蓋然的とは「おおむね真だが、時々は偽になりうる」といった意味です。

　とはいえ、原因なしに何かが生じることは、論理的にも物理的にもありえません。ヒュームが言いたいことは**「因果関係は外部から得た観念ではなく、私たちが内側で作り出した観念だ」**ということです。

　私たちが経験できる観念は「スイッチを押すという観念」と「明かりがつくという観念」です。そして、「A（スイッチを押す）を行うと、いつもB（明かり）が発生する」ことを経験しているだけです。

　つまり、「AはBの原因である」という観念は、決して外部の世界に存在していません。私たちが2つの観念の関係を整合的に理解できるように勝手に作り上げたものです。

　自分の内側で作り出した観念が、外側で起こった現象の必然的で普遍的な根拠だなんて、本当に言えるのでしょうか。ヒュームはそうは考えません。彼の考えでは、因果関係に必然性や普遍性を認めるのは、私たちの主観や思考のメカニズムを、不当に過大評価した偏見なのです。

意識は知覚の束にすぎない

　ここからヒュームは、私たちの主観・自我・意識といったものの考察を進めます。私たちの**主観や意識こそが、不当な偏見の源泉**だからです。

　まずヒュームは、自我や心といったものの実在を否定します。私たちが自我や心だと思うものは実際には存在せず、多くの知覚が束になって重なったものにすぎないと言います。

　なぜなら、私の意識を構成するものは非常に多くの感覚や知覚や思考で

あって、それ以外のものはいくら探しても出てこないからです。意識や心そのものを取り出すことは、絶対にできません。

　ロックの場合は、心は白紙だと言いました。これは心が経験を受け取る容器や基盤として存在することを認めています。しかし、ヒュームによれば、そんな容器は虚構（フィクション）にすぎません。

　また、ヒュームは意識や心を国家にたとえます。国家を構成するものは土地や人や制度など無数の要素であって、「これが国家です」といった具合に国家そのものを取り出すことは絶対にできませんよね。

　こうして**ヒュームは、意識や心を、本来は存在しない虚構だと見なします**。つまり、自分の内面について誤解しているというわけです。自分自身の内面についてさえこれだけの誤解をしている人間が、外部世界についての判断の正しさを因果関係などで説明できるはずがないでしょう。

　ヒュームの哲学は、**私たち人間の不当な特権化を戒める哲学**として、今なお意義を失っていません。

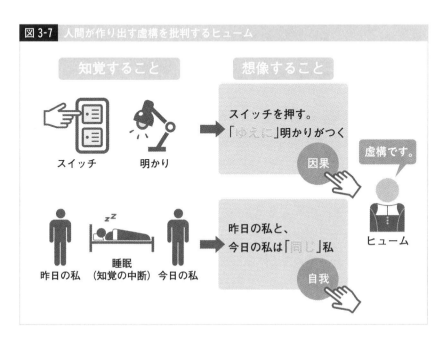

図 3-7　人間が作り出す虚構を批判するヒューム

知覚すること　　想像すること

スイッチ　明かり

スイッチを押す。「ゆえに」明かりがつく

因果

虚構です。

ヒューム

昨日の私　睡眠（知覚の中断）　今日の私

昨日の私と、今日の私は「同じ」私

自我

夜空の星々と私たちの心は同じくらい尊いものだ

 ## 学問の確実な基礎付けを構想する批判哲学

　カントはプロイセンの都市ケーニヒスベルク（現在のロシア領カリーニングラード）に生まれたドイツ語圏の哲学者です。生涯のほとんどを生まれた場所で暮らした点で、アテナイ人ソクラテスと似ています。カントは几帳面な性格だったようで、毎日午後３時に必ず散歩に出かけるため、街の人はカントを見て時計を合わせていたという逸話が有名です。

　カントの哲学は「批判哲学」といわれ、主著は３つ、それぞれ『純粋理性批判』『実践理性批判』『判断力批判』です。「批判」とは吟味や見定めという意味です。つまり、「純粋理性／実践理性／判断力」なるものの能力を吟味して、できることとできないことの区別を目的にした本です。

 ## カント哲学の基本

　カント哲学の基本的な趣旨は、確実性に基づいて学問を基礎付けることです。ロックやヒュームの経験論は、数学や自然科学にさえ確実な根拠がないという結論を導きました。カントはそれに対して、それらの学問を確実な知識として基礎付けることを構想しました。その意味では、カントには自然科学に対する信頼があると考えてよいでしょう。

　数学や自然科学は確実な学問であるという根拠をいかにして与えるか、これがカントの課題です。その課題に対する答えが、「物自体」と「現象」の区別です。数学や自然科学の対象は「物自体」（神目線での真理）ではなく「現象」（人間目線での真理）であること、その「現象」の範囲内であれば、私たちは確実な知識を持てるのだと述べました。

第1章
【古代】自然哲学 vs 形而上学

第2章
【中世】キリスト教 vs ギリシア哲学

第3章
【近代】自然世界 vs 人間理性 vs

第4章
【現代】旧哲学 vs 新哲学

 星空と道徳の前にひざまずく

今の説明はずいぶん抽象的な話ですから、より具体的にイメージできるよう、カント自身の名言をご紹介しましょう。

「ここに、われわれがそれについて長い時をかけて思念を重ねていくごとに、以前にも増して新たな感嘆と畏敬の念をもってわれわれの心を満たし続ける２つのものがある。それは、**我が上なる星空と、我がうちなる道徳律**である」

これは『実践理性批判』という倫理学的著作の終わりに出てくる言葉です。なぜカントが、夜空の星々と心の道徳律という無関係な両者に対して、等しく感嘆と畏敬の念を抱くのか。これが理解できれば、カント哲学のもっとも大事なところを理解できます。

 自然法則は客観的ではなく主観的

まず星空、自然宇宙の話から始めましょう。われわれは自然をどれだけ知りうるのか。その知に確実性は期待できるのか。これが『純粋理性批判』のテーマです。

私たちは、自然を経験によって知ります。そしてさまざまな観察や実験を通して、自然を数学的に記述したり、自然に普遍性（法則）を見出そうとしていますね。たとえば「万有引力の法則」などです。

しかし、カントはこれらの自然法則は、客観的な真理ではないと考えます。それらは、人間精神にとっては存在するように見えるだけで、実際に自然そのものの中に存在するかどうかはわからないからです。

もしも私たちとはまったく違う感じ方をする虫や地球外生命体がいたとしたら、物体の落下と惑星の運動について「万有引力の法則がある」という理解はしないかもしれません。したがって、カントは自然法則を人間知性にとっての主観的な理解だと見なします。**法則は自然の中ではなく、知性の中にある**のです。

カントは自然や物そのもののことを「物自体」と名付けて、「現象」と区

167

別します。数学の公式や万有引力のような自然法則は、人間精神にとっての現象であり、物自体を認識しているのではありません。

現象と物自体とを区別せよ

　現象と物自体を区別して、私たちは現象しか知りえないと規定すれば、必然的にすべてのものには根拠がないという「懐疑論」を導きはしないでしょうか。にもかかわらず、カントは自然科学を人間知性にとって確実で普遍的なものとして基礎付けようとしています。これはかなり困難な試みに見えます。

　これに対するカントの解決は次のようなものでした。たしかに人間は物自体について、確実なことを何ひとつ知りえません。しかし、人間が現象を理解する仕方のほうには、一定の普遍的で確実なパターンが見出せます。その人間の認識能力を、カントは「感性≒感覚能力」「悟性≒理解能力」「理性≒推論能力」の３つに分けて、それぞれを分析します。

　つまり、**確実で普遍的な事柄は、自然（物自体）のうちにあるのではなく、人間の理解の仕方（現象）のうちにある**ということです。懐疑論の立場は、物自体と現象の区別を考慮しないから、あらゆるものには根拠がないという結論を下さざるを得ないのです。

　こうしてカントは、数学や科学に確実な根拠を与えるために、現象と物自体の区別を取り入れました。**「確実な知識を基礎付けたいなら、現象と物自体とを区別すべきだ」というのがカントの結論**です。

自然世界に畏敬の念を抱く

　前半のまとめに入りましょう。カントは、ロックやヒューム等の経験論哲学に従いつつも、経験論が陥った懐疑論の立場を乗り越える活路を見出しました。それが物自体と現象の区別です。

　私たちは物自体については知りえません。とはいえ、自然科学が解明した自然法則は、たしかに私たちの自然の認識を深めます。**夜空の星々は、人**

第1章
【古代】
形而上学
vs
自然哲学

第2章
【中世】
キリスト教
vs
ギリシア哲学

第3章
【近代】
自然世界
vs
人間理性

第4章
【現代】
旧哲学
vs
新哲学

間知性の学の営みによって**解明された、自然のうちの秩序と法則**です。それらの秩序を感じ取ることができるから、自然宇宙への感嘆と畏敬の念がおのずから生じてくるというわけです。

道徳法則への畏敬と感嘆『実践理性批判』

次は「道徳法則」の話です。カントの倫理学的著作で「第二批判」といわれる『実践理性批判』です。この作品で「道徳法則」が語られます。

カントがおもしろいのは、**自然に法則があるのと同様に、道徳にも法則がある**と考えることです。道徳とは、それぞれの文化や風習から発生したものですから、自然法則のような普遍性があるとはふつう誰も思いません。そこをあえて、自然法則と類比的に考えて、道徳においても普遍的な法則を打ち立てようと試みるのが、カントの独特な発想です。

個々の文化や風習に基づく道徳は、別に私たちの理性に特有の能力ではありません。ある種の社会や道徳は、人間以外の動物にも見られます。一方、理性に特有の能力とは、自然法則を発見するような確実で普遍的な事柄を導く能力です。

ですから、自然科学のみならず、道徳や倫理の領域においてもこの理性の能力が発揮できるかどうか。もしもそれが発揮できたら、自然法則が学問の基礎であるように、**道徳法則が理性に基づく真の市民社会というべき共同体の基礎となる**はずです。それがカント倫理学の「道徳法則」という概念のポイントです。

道徳法則とは万人に当てはまる格率

道徳法則とは、私たちが守るべき行動原理（義務）のことです。それは次のように定式化されます。「あなたの意志の格率（行動の指針）が、常に同時に普遍的な立法の原理として当てはまるよう行為せよ」

つまり「○○すべし」という行動の指針は、あなたの個人的な立場や好みによって選んではならず、すべての人が同じことをすべきと思えるもの

図 3-8　カント哲学のキーワード

『純粋理性批判』
・自然法則
・秩序の存在
・自然科学の基礎

『実践理性批判』
・道徳法則
・自由の存在
・市民社会の基礎

カント「我が上なる星空と、我がうちなる道徳律への、感嘆と畏敬の念」

を選びなさい、という意味です。

　カントはこの定式を「理性の事実」と言って、自然法則と同様に万人が承認できる自明の法則であるかのように述べています。しかし、自然法則と道徳法則は全然違います。なぜなら、道徳は自分の意志で努力して実行するものだからです。自然法則は逆らえないものですが、道徳法則はそんなものがあったとしても、余裕で逆らえます。

　しかし、これは裏を返せば、私たちは自然法則に対する自由はありませんが、道徳法則に対する自由はあることを意味します。自然法則の存在だけでは、人間に自由はありえません。**道徳法則の存在を認めることは、人間の自由を認めることと同じ**だ、とカントは考えています。

 嘘の約束をしてはならない

　道徳法則を具体的な例で考えてみましょう。カント自身が例に挙げる「嘘の約束をしてはならない」という行動指針は万人が守るべきだと言います。

なぜなら、みんなが「自分の利益のためなら嘘をつけ」という行動指針を採用したら、約束そのものが成立しなくなってしまうからです。

もちろん、道徳法則も自然法則と同様に、物自体としての真理というわけではありません。しかし、現象としての真理、つまり人間の知性にとっては、「嘘の約束をするな」という命令は、万人に当てはまる確実な命令とカントは考えています。ですからこの命令は、理性に基づく真の市民社会の法律として立法してもよいくらいの普遍性を持っているといえます。

言い換えれば、**自然法則や道徳法則に正解はありません。**正解とは、物自体を意味することになるからです。仮に正解が存在したとしても、それは物自体のため知りえません。

だからこそ私たちは、道徳法則の存在を認めつつ、何を道徳法則とするべきかを、その都度自分の頭で考えなくてはならないのです。それがカント倫理学の重要概念である「啓蒙」です。カントは「啓蒙」を「自律」すなわち「自分の頭で考えること」だと説明します。

 ## 理性に基づく学と市民社会の構想

後半のまとめです。道徳法則の存在は、私たち人間の自由の根拠だとカントは言います。そして道徳法則の存在は、これまでの伝統や習慣に基づく道徳を超えた、理性に基づく道徳を可能にします。その市民社会をカントは「目的の国」と呼びました。『永遠平和のために』という著作では、連合国家や世界平和を論じる政治哲学が構想されました。

道徳法則の存在が「理性の事実」として確証されるとき、カントの心は、星空に対するのと同じく、道徳法則に対する感嘆と畏敬の念に満たされます。私たちは、理性の力で自然の秩序や法則を知ると同時に、私たちのうちに自然を超えた自由があることを確信します。

カントが星空と道徳法則への感嘆と畏敬の念を抱いた理由が明らかになりました。両者はそれぞれ、**真の学問の基礎と、真の市民社会の基礎を構想するという、カント哲学の本質の象徴**なのです。

第1章
【古代】自然哲学
形而上学 vs

第2章
【中世】キリスト教
ギリシア哲学 vs

第3章
【近代】自然世界
人間理性 vs

第4章
【現代】旧哲学
新哲学 vs

主観と客観を分けていては、世界は何もわからない

 ドイツ観念論の特徴

　フィヒテは「私＝自我」の存在を根本とする「知識学」で有名な哲学者です。哲学の歴史では一般にフィヒテからヘーゲルまでを「ドイツ観念論」と呼んで整理しています。

　まずドイツ観念論とは何かというと、基本的にはカント哲学の成果を受けて、その後に展開した哲学を指します。カント哲学の成果とは、諸学問の哲学的基礎付けです。そこで物自体と現象との区別がなされました。カント哲学の「物自体」は、人間理性には不可知なものとして、決して究明されないものでした。

　そこで**ドイツ観念論の哲学は、思考のあり方やプロセスを根本的に見直すことで、物自体と理性との境界を取り払おうとしました。**そのような哲学を最初に試みたのが、フィヒテです。自らの「知識学」を「最新の哲学」「最初の自由の体系」などと呼んだ点に、彼の自負がうかがえます。

 知識学とは知ることの働きを考える哲学

　フィヒテの知識学とは、文字通り知についての学で、知ることの働きを考える哲学です。学問とは知ることですから、あらゆる学問の基盤になる学です。諸学問の基盤となる学に、さらなる基盤があってはいけません。したがって、知識学の対象は、ほかに根拠を必要としない根本的な知です。つまり、**根拠が自分のうちにあるような知が知識学の条件**です。

　まず、知ることの働きとは、物事の同一性を把握することです。Ａ（犬など）はＡであって、ほかのもの（猫など）ではない。知ることの最初の

働きは、ＡをＡだと理解することです。これを「ＡをＡと<ruby>措定<rt>定立</rt></ruby>する」などと言います。つまり、犬なら犬と理解して、その理解が保持されていることが措定という働きの意味です。

知識学の出発点「Ａ＝Ａ」とそれを成り立たせる「私」

こうしてフィヒテは、知識学の出発点をＡ＝Ａ（ＡはＡだ）という論理式で表します。Ａ＝Ａは形式上、絶対に正しいです。

そして、知る（ＡをＡと措定する）働きにおいて、Ａ以外に別の存在が現れてきます。それは**Ａを措定している意識（私）の存在**です。この意識は措定する働きであり、「Ａ＝Ａ」という判断を成り立たせる隠れた前提です。これをフィヒテは「私（自我）」と名付けます。

Ａ＝Ａという判断は、「私」によって成り立ち、すべての判断は「私」のうちにあります。あらゆる判断は「私」の存在を前提しているため、Ａ＝Ａに代入される最初のものは「私」です。したがって、**「私は、私自身を措定（定立）する」**。これが知識学の第一原則です。

少々ややこしいですが、知ることの働きを考察していくと、「私」に行きつくということです。ここでいう「私」とは、知る働きのことであり、その「私」があることによって、Ａ＝Ａが成立します。以上が、知識学の出発点となる重要ポイントです。

思考のプロセスをひっくり返す試み

以上の流れは、フィヒテの重要概念である「事行」という思考のプロセスを示しています。つまり、私の存在は、私の思考（行為）によって成り立っています。これを抽象的に言えば、「行為が主体（存在）に先立つ」という言い方ができます。

ふつう、私たちの思考は逆です。フィヒテのように「思考するから存在が成り立つ」なんておかしな話で、「存在するから思考が成り立つ」と考えるのが常識的ですよね。ですから、私たちは通常「存在（もの）が行為（認

識）に先立つ」と考えています。

　しかしフィヒテは、行為によって主体の存在が現れると、順序をひっくり返しました。これが最初に述べた、思考のプロセスを根本的に変えるということです。

　なぜフィヒテのような話がありうるのか。これを理解するためには、世界のあり方に目を向けてみましょう。つまり、**「事行」とは、世界のあり方と思考のあり方は一致していることを示そうとする概念**です。

　まず、私たちの世界は不断の運動（生成変化）のプロセスそのものです。何か世界とか、ものという本体があるわけではなく、すべてが流動的で、過程にあるものとも言えますよね。

　たとえるなら、自転車です。自転車に乗っているときは、すべてが動いています。私も自転車も動いているし、風景も動いています。動く風景を認識しながら、自分の動きも変えていきます。ですから、自転車に乗る場面では、行為と認識が一致して、切り離せないものになっています。

　また、動くのをやめたら、転んでしまいます。絶えず自らを変化させる運動のプロセスが、自転車に乗るというあり方を成立させています。こう考えると、自転車の例でも「行為が存在に先立つ」と言えます。

　ですから、運動によって世界は成り立っているのに、それを私たちは存在によって世界は成り立っていると思い込んでいます。それでは、真理などわかるはずもないではありませんか。

　世界（客観）と思考（主観）とは互いに異なるものではなく、実は同じあり方をしています。これを示したところに、フィヒテ哲学の独自性があります。それゆえフィヒテは自らの哲学を「最新の哲学」と呼びました。

　運動が世界を成り立たせているように、フィヒテの「事行」は思考にお

いて世界を成り立たせる活動です。それは神を除けば、人間理性によって
のみ可能な活動です。このような哲学を実践することが、人間の自由であ
るとフィヒテは考えます。

人間独自の理性の活動＝自由の拡大こそ人間の使命であり、倫理的な生
き方です。さらに、その使命は時間を伴って徐々に達成されていくという
時間性・歴史性を獲得しました。

また、「思考が存在に先立つ」という視点から、フィヒテは「主観と客
観」「認識主体と認識対象」という図式を乗り越えようと試みています。「事
行」とは100％純粋な主観による活動ですから、主観によって客観（カン
トの物自体）を不要にする試みです。これがフィヒテの哲学が「主観的観
念論」と言われることもある理由です。

世界の根源は、物自体ではなく、われわれの行為のほうにある。 このよ
うにして、世界を主観のうちに包み込んだのがフィヒテの哲学であり、ド
イツ観念論の哲学です。

第1章
［古代］ 自然哲学
形而上学 vs

第2章
［中世］ キリスト教
ギリシア哲学 vs

第3章
［近代］ 自然世界
人間理性 vs

第4章
［現代］ 旧哲学
新哲学 vs

図 3-9 ドイツ観念論の歴史哲学

①歴史は、自然が自己の本質を知る過程
②歴史は、原理によって体系的に語れる

	①自然の本質	②知の原理	キーワード
フィヒテ	自我	知識学	・歴史は自我と自然の対立 ・自然は絶対者の現れる場
シェリング	自由	知的直観	・自由が自然の原理 ・神の実存から出発
ヘーゲル	精神	弁証法	・意識の経験の学 ・素朴な信念から出発

西洋哲学史上もっとも深遠といわれた哲学者

 近代の自然哲学者シェリング

シェリングは自然哲学者の側面を持つドイツ観念論の哲学者です。自然哲学はブルーノで滅びたと言いましたが、ブルーノの思想のリバイバルを図ったのがシェリングです。

また、フィヒテやシェリングや**ヘーゲル**は、文豪**ゲーテ**と同世代であり、多彩な才能を持つゲーテは、自然哲学の研究もしていました。「生きた自然＝生命」を認識できる思考・哲学を編み出すというコンセプトで、ドイツでは一時、シェリングやゲーテを中心に自然哲学が流行しました。

現代では、生命の研究といえば、生物学や医学などの分野が専門にしているイメージがありますよね。しかし、**シェリングの自然哲学は、生命の原理や必然性の哲学的探究**です。哲学は自然や生命にどのように迫れるのか。シェリングの天才的な思索を見ていきましょう。

 自然のうちにある対立

シェリングはまず、自然や生命の内部には対立が存在することを指摘します。自然のどんな生命も、自己のうちに対立を生じさせて、自らの生命を維持しています。たとえば細胞分裂や栄養摂取や、進化がそれです。

また、この対立を生じさせる根源的なものの存在を指摘し、それを「力」と名付けます。この「力」こそが生命の原理だとシェリングはとらえます。

 人間の自由を自然全体に拡大した

前節のフィヒテは、別の箇所で「私」についての対立を語っています。

「私」における「自我」と「非我（自然）」との対立を乗り越えることに、人間の自由があると述べています。

そこでシェリングは、**自己の内部の対立と克服が自由なのだとすれば、人間だけでなく、自然全体が自由**なのだと考えました。

つまり、自然と人間理性の違いは、単にその対立が、意識されているか、されていないかの違いだけです。「自由こそがすべて（自然全体）を担う唯一の原理」です。このように、シェリングは、フィヒテが私の哲学で展開した「自由の体系」を、自然や生命の原理にまで押し広げました。

これは、人間理性の視点から見た、究極の自然哲学といえます。かつてブルーノの自然哲学も無限宇宙というスケールの大きなものでしたが、ブルーノの原理は「空間的無限」という物理的な原理を設定しました。

一方でシェリングは、物理的な原理ではなく、自由というきわめて哲学的な原理を設定しました。

自然には歴史があり、ゴールがある

これによって、自然には一定のスタートとゴールが生まれます。ブルーノの無限宇宙はすべてが中心、始まりも終わりもないものでした。しかしシェリングの自由としての自然は、その自由が無自覚だった状態から、自覚される状態にいたるという、歴史的な過程として語られます。

つまり、**シェリングの自然哲学とは、自然が自由という己の本質を自覚するまでの歴史**として描かれます。自然（生命）は自由を原理として、自己自身を絶え間なく生み出し続けます。自然そのものは自分の活動を自覚していませんが、やがて自然は人間を生み出します。

人間は考える存在であり、人間はやがて自己について考え、自己意識に目覚め、自由とは何かを考えます。その発端がカントやフィヒテです。彼らは人間には道徳法則に従う自由がある、己の対立を克服する自由があると考え、その自由に従うことが人間性だと考えました。

やがて人間は、自然もまた人間と同じく、自由という原理を持つことに

第1章
【古代】
自然哲学
vs
形而上学

第2章
【中世】キリスト教
vs
ギリシア哲学

第3章
【近代】
人間
理性
自然
世界
vs

第4章
【現代】
新哲学
旧哲学
vs

図 3-10　シェリングの自然哲学

私とは？
自由とは？

自由とは
人間の
原理だ

自由とは
自然全体の
原理だ

VS

歴史の
始まり　　自己意識の
　　　　　誕生以前

自己意識の
誕生

歴史の
終わり

気が付きます。それは、自然の一部としての自己自身を知るということです。ここにおいて、自由の実現としての生命の歴史は完結します。

　あとは、その終わりから、始まりを振り返ること。これが哲学に残された最後の活動です。この歴史的視点が、シェリングの自然哲学の特色です。

主著『人間的自由の本質』

　シェリングの自由論といえば、主著とも名高い『人間的自由の本質』です。自由とは自然の原理であり、人間も自然存在である以上、もちろん自由を原理として存在するのですが、では具体的には人間の自由とは何かを問題にします。

　なぜ人間の自由が問題になるかというと、人間とは、自然存在のくせに、自然の中で大人しくしていられない、過剰な存在だからです。自然に干渉し、自然を破壊し、自然を超越してしまう存在が人間です。

　つまり、**人間は自然界の異物のような存在で、自然環境に対して不調和**

な影響を与えます。いわば、人間とは自然界に対する外来種のようなもの
で、もともとの生態系に適応しながらも、それを変容させ、時に破壊する
力を持ちます。こんな存在者が自然の中にいる理由をシェリングは問題に
します。つまり、シェリングが『人間的自由の本質』で探究するテーマは、
悪を犯す存在者の必然性です。

　もちろん、人間や悪の存在に理由などない、単なる偶然とも言えます。し
かし、まったくの偶然ということは、ありえないはずです。何の外部原因
もなく、ある生態系に外来種が現れることがありえないのと同じです。

 ## 悪が存在する遠い原因は神にある

　ですからシェリングは、自然の母体である神に原因をさかのぼります。**神
のうちに、人間や悪の存在の原因がある。** これがシェリングの発想です。

　これまでの哲学や神学でも、悪とは何かとは多く論じられてきましたが、
ほとんどは「悪とは善の欠如である」という規定でした。これは悪に実体
を与えないためで、悪の原因を神に帰さないためでした。

　しかし、人間や悪の存在の必然性をとらえてはじめて、私たちは自然に
ついて、より深い理解を得られるのだとシェリングは考えます。結論とし
て、**自由や悪を人間社会や倫理の問題に限定せず、自然全体の問題として
考えようとするのがシェリングの哲学**です。

　もちろんシェリングも、神が悪を作り出したとは言いません。悪意があ
るような存在を神とは言わないし、意図せず悪を作り出してしまうような
存在は無能だからです。

　では、神とはいったいどんな存在なのか。シェリングは自然哲学で自然
を分析したように、ここで神の分析を試みます。

 ## 神のうちにある「根底」

　まず、神とは何か。過去の多くの哲学者は、神の性質に「単一性」を挙
げました。神とは一なるものだという話です。しかし、単一なものから、世

179

界のように多様なものは決して創造されません。

　しかし、自然が存在するには、原因がなければなりません。ですから、神のうちには、自然が存在するにいたるような何らかの原因・部分が含まれています。これこそ自然が存在する根拠であり、シェリングはこれを「根底」と呼びます。エックハルトにも同じ語が出てきましたね。

　この「根底」とは自己を生み出す欲求であり、神のうちにありながら、神とは異なるものと規定されます。フィヒテの「事行」や生命の内部に対立があったように、神のうちにも対立が存在しています。

　この根底の欲求を神の純粋な知性がとらえたとき、それらは神の意志として１つになり、創造が始まるといわれます。意志は、根底に秩序を与え、根底の欲求を、自然という形で現実に存在させる働きをします。

　神のうちでの神の対立。これが自然における秩序と混沌との根拠であり、人間における善と悪との根源だとシェリングは考えます。

シェリング哲学の意義は「神の実存の分析」

　シェリングの自然哲学と自由論の意義は、自然や生命が今まさにこのようにある原理や必然性を、哲学として考えた点にあります。それは、神という絶対者の具体的なあり方を分析する試みによって、自然の創造の必然性から、悪の存在の根拠にいたるまでを言語化しました。

　言葉を換えれば、**シェリングの哲学とは、神の実存（あり方）の分析**です。言ってみれば神の内面を精神分析して、神における無意識の欲求を明らかにするようなもので、これほど挑戦的な試みはありません。実際、20世紀の**ハイデガー**という哲学者は、シェリングの『人間的自由の本質』を「西洋哲学でもっとも深遠な著作」だと評価しています。

　シェリングの自然哲学と自由論は、歴史哲学という視点において１つにつながります。自由とは自然の本質・原理であり、自然が自己の本質を自覚する過程が歴史です。シェリングの哲学は、神・自然・自由を１つにつなぐ、巨大なスケールを持つ思想です。

ただの雑学を超えた、歴史の学び方を教えよう

第1章
【古代】
形而上学
vs
自然哲学

第2章
【中世】
キリスト教
vs
ギリシア哲学

第3章
【近代】
自然世界
vs
人間理性

第4章
【現代】
旧哲学
vs
新哲学

 自称・哲学の完成

　ヘーゲルはドイツ観念論の終わりに位置し、近代哲学の頂点・完成と評価される哲学者です。この頂点や完成とは、後世からの評価だけでなく、なんと自己評価でもあります。つまり他称ではなく自称です。

　ヘーゲルは『哲学史講義』という著作で、彼自身の時代の哲学を紹介したあとに、「ここにいたって精神は完成の時を迎え、哲学史は幕を閉じる」と言います。つまり彼の時代で、哲学は終わったのです。

　この自称からも察せられる通り、**ヘーゲル哲学のおもしろいところは歴史への意識**です。彼は哲学を、常に歴史と関連付けます。哲学史のほかにも、世界史を論じた『歴史哲学講義』がありますし、有名な『精神現象学』でも、実際の哲学史と世界史の出来事との関係が明示されています。

　ヘーゲルの歴史意識を理解するためには、有名な「弁証法」の理解が重要です。弁証法は、歴史をはじめあらゆる学問体系に共通する構造でもあり、また体系を論じる方法としても利用されています。

 精神の歴史の出発点は素朴な意識

　主著『精神現象学』は「意識の経験の学」と呼ばれ、意識が自分の本質を少しずつ自覚していく歴史が描かれます。ですから、この歴史の出発点は素朴な意識の感覚です。

　私たちの意識は、ふだんは外の世界に向けられています。たとえば「今ここに木がある」など。そして、日常ではそれを正しい考えだと見なしています。そのため、歴史の始まりは意識が何事も前提とせず、「自分の感覚

が正しい」と考えている地点（＝感覚的確信）から出発します。

　つまり、**ヘーゲルにとっての歴史とは、私たちの意識の働きから始まるもの**なのです。しかも感覚という、誰もが理解でき、承認せざるを得ない地点から始まります。ここは、経験論の哲学に似ています。

　つまり、理性が自己を知る歴史の始まりは、神という究極のふりだしではなく、現に存在する自分のうちにあるもっとも素朴な知から始めなければならない。これがヘーゲルの考えです。シェリングが神の実存の分析から始めたこととは対照的です。

 ## 「今は昼だ」を分析する

　感覚にせよなんにせよ、私たちは常日頃、何かを正しい／正しくないと判断しています。しかし、その判断は必ず矛盾に直面します。

　たとえば「今は昼だ」という判断は、時間が経てば夜になるので、正しくなくなります。これだけならくだらない話ですが、ヘーゲルは続けて少しおもしろいことを言います。いわく、夜になってもそのときが「今」であることは変わりません。事実、私たちは昼だろうが夜だろうが関係なく、常に「今」と言っていますよね。

　つまり、**「今」とは個別的な時間を意味するようで、実は普遍的な意味を持つ言葉**です。「今は昼だ」という判断は、今この瞬間という個別具体的な状況を対象にしているのですが、普遍的な事柄が入り込んでいます。

　感覚による正しさの判断は、個別的な事柄にかかわるもののはずでした。しかし、その正しさは「今」という普遍的な事柄によって保証されていることがわかりました。

　こうして「意識」は、正しさの基準を「自分の感覚が正しい」という基準から、「普遍的・一般的なことが正しい」という基準に移り変わります。

 ## 矛盾に解決を見出す「弁証法」

　意識は、現時点で自分が持っている正しさの基準で物事を観察し、真理

を探究します。しかし、そのたびに必ず矛盾に直面し、そこで実は自分でも自覚していなかった、何らかの基準を見出すことになります。

「今は昼だ」と言ったとき、「今」が実は普遍的な判断なのだということは思いもよらないことでした。しかし、矛盾に直面することで、「今」の正体が意識に自覚されました。

矛盾に直面することで、無自覚に前提としていた認識を自覚させる過程が、いわゆる「弁証法」と言われるものです。この点で、弁証法は一切の前提を無根拠と批判する経験論哲学への再批判になっています。

弁証法は３つの契機に区別され、「定立・反定立・総合」などといわれます。先の例でいえば、「今は昼だ」が定立、「今は夜だ」が反定立、「今とは実は、いつでも使える普遍的な言葉なのだ」という自覚が総合です。

弁証法とはいわば体操です。体操を通じて、自らの身体の仕組みについて、少しずつ理解していくイメージです。仕組みを知らなくても身体は動かせていましたが、その仕組みを前提としてはじめて身体は動かせます。また、仕組みを知れば可動域も広がり、より自由に身体が動かせるようになります。そのため、すでに前提とされていたものを発見して自覚することが、弁証法という思考の体操なのです。

真理を運動と考えると歴史を語れる

弁証法のポイントは、過程を重視することです。ヘーゲルは真理の本質は「運動」であると言います。しかし、一般に真理とは、公式のように固定されて定まったものだという印象がありますよね。時と場所にかかわらず、常に不変だからこそ正しいのだと。

ヘーゲルはそのような考え方に異を唱えて、真理とは運動だと言いました。運動とは生成変化のことですから、不変ではありません。さらに運動には、時間と空間の存在が必要です。

つまり、**真理を運動と解することは、真理に時間と空間の概念を取り入れること**になります。真理とは、一定の空間・場所で時間を伴いながら徐々

第1章
〔古代〕
自然哲学
vs
形而上学

第2章
〔中世〕
キリスト教
vs
ギリシア哲学

第3章
〔近代〕
自然世界
vs
人間理性

第4章
〔現代〕
旧哲学
vs
新哲学

に発見・自覚される過程です。その運動のあり方が弁証法です。

　こうしてヘーゲルは、真理を歴史（運動）として語る根拠を与えました。

歴史を語るには根拠が必要

　ところで、ヘーゲルの歴史観は「進歩史観」などといわれます。ヘーゲルは「真理が段階的に姿を現すのが歴史だ」と言うので、歴史は徐々に進歩・改善しているということですね。

　実際、ヘーゲルは世界史や哲学史について、古代から現代までの歴史のつながりを見て取るために「発展」という概念を用います。また、歴史は「絶対精神」が自らを示す過程だ、などと言います。絶対精神が人間精神に理解された時点が、歴史の終わりです。ヘーゲルは自らの時代と哲学を、そのときだと見なしているかのような言い方をしています。

　これには異論が噴出するのも当然でしょう。歴史は１つの理念や前提に基づいて語られるものではありません。歴史に何らかの理念を見て取ろうとする態度は、かえって歴史を貧しくしてしまうと反論できます。

　このような反論は、ヘーゲルも当然予期していたに違いありません。ではヘーゲルはなぜ、あえて歴史に何らかの理念を設定したのでしょうか。それは、**歴史を出来事の単なる羅列として理解するのを阻止するため**です。

　たとえば世界史なら、教科書では「〇〇年にこんな出来事がありました」と叙述されますね。それをひたすら年表や一問一答形式で提示されても「ふーん」で終わりです。そうではなく、その出来事が起こった必然的理由や意義を知ることが、歴史を理解するということのはずです。だとすれば、理念なしの歴史の理解というものは、ありえないのです。歴史を語るとは理念を語ることなのです。

理念なしに歴史は語れない

　さらに突っ込んで考えれば、歴史を出来事の羅列として語ることは、そもそも不可能です。なぜなら、歴史には必ず取捨選択が入るからです。そ

の取捨選択こそ、歴史の語り手が前提する理念です。

　たとえばプラトンが哲人政治を実現すべくシラクサへと渡航したことは歴史の出来事として取り上げられます。しかしプラトンがシラクサで何を食べたかは取り上げられません。そんなことはどうでもいいという価値判断が働いているからです。

　要するに、ヘーゲルの示した理念としての歴史は、実はみんながやっていることで、それを明確な言葉にしたのがヘーゲルです。だから、議論の対象は、いかなる理念を設定するかという点にあります。**語り手の理念が明確に見えないような歴史、出来事や個人の行動、哲学的見解を羅列しているだけのような歴史を、ヘーゲルは「阿呆の画廊」と揶揄します。**

　そしてヘーゲルの理念は、「理性が自己の本質を自覚する歴史」であり、歴史の展開は弁証法として語られます。このような歴史の理念と、弁証法という展開の方法に賛同するか反対するか。これがヘーゲル以降の哲学の歴史となります。

図 3-11 隠れた前提を明らかにするヘーゲルの弁証法

昼

今**は**昼**だ**
ここ**は**公園**だ**

弁証法とは「今」「ここ」の普遍性に気が付くこと

夜

今**は**夜**だ**
ここ**は**家**だ**

現代では当然の価値観となった「実証主義」の元祖

 実証主義とは学問の基本

コントは実証主義を提唱したフランスの哲学者です。コントは社会学の創始者ともいわれています。実証主義とは簡単にいえば、何かを論証する際には、**科学的に観察できる事実をもっとも有力な証拠として重視する立場**のことです。今では当たり前の感覚ともいえますが、それだけに重要です。本書では実証主義の哲学的背景と意義を紹介します。

 実証主義の6つの意味

図 3-12 コント（実証主義）のキーワード

3段階の法則

❶ 神学的精神	❷ 形而上学的精神	❸ 実証的精神
ゼウスなど神々	「イデア」や「物自体」	ほかの現象
原因は誰かの意志	原因は観察不可	原因は観察可

「実証」の6つの意味

❶ 現実的	❷ 役に立つ	❸ 確実
❹ 精密	❺ 建設的	❻ 相対的

実証主義とは、理性の怠惰や傲慢を戒める態度

コントは『実証的精神論』という講義で、実証主義の6つの意味を挙げています（左ページの図版参照）。有用や建設的といったポジティブな価値を含めているのが特徴です。実証主義とはフランス語でpositivismeといいます。

確実と相対的というのは、一見矛盾するようにも見えます。これらは、形而上学的な思弁による絶対的な確実性を排除して、科学的な観察による相対的な確実性を重視するというコントの立場の表明です。人間の観察能力には限界があることが、相対的であるという意味です。

つまり、**実証主義とは、形而上学批判を背景として登場した思想**です。

 知識・学問の発展の3段階

コントはまた、知識の歴史として、人間精神を3段階の局面に整理します。①神学的精神、②形而上学的精神、③実証的精神です。

これらの精神はいずれも人間の自然研究・科学的探究の場面を示すものです。たとえば**雷の原因をゼウス神に帰するのが神学的精神**です。つまり人間以外に意志を持つ存在がいると考えるのが神学的精神です。

次の形而上学的精神では、自然現象や出来事の原因を神の意志ではなく、より合理的で抽象的な力として想定します。また、絶対的な確実性を求めて、単なる個々の原因の説明では満足できず、「イデア」や「物自体」といった、**現象の背後にあって観察によっては決して知られえない究極原因を求めるのが形而上学的精神**です。

実証的精神では、上記の2精神のように物事の原因を観察できない事柄で説明することを拒否します。そして、**観察できる事柄から一定の法則を引き出すことを目標とする立場が実証的精神**です。それらの観察によって得られた知識が決して相互にバラバラなのではなく、諸法則のもとに統一されなければならないとする点がポイントです。

 ドイツ観念論とは別の知を模索する

コントが対決したのは、形而上学的精神における知の確実性です。なぜ

なら、観察とは常に相対的な知にとどまり、厳密な意味で確実ではないからです。これに対して、**形而上学的精神は、観察では実現不可能な確実さに容易に到達できます**。これが、デカルトに始まりドイツ観念論を頂点とする形而上学的な知の体系です。

しかし、コントには、理性に対する根本的な不信がありました。コントは「精神の無力」という言葉をいたるところで多用しています。コントによれば、観察は面倒なものなので、理性はすぐに観察から離れて自らの考え（想像）を進めていってしまいます。

しかも己の想像の産物を「確実・厳密」と言ってしまうほど、人間とは怠惰な動物であるとコントは考えています。そのため、「精神の無力」とは、観察を細かく慎重にやるように注意する標語のようなものです。

実証主義とは、あたかも理性を用いてあらゆる事柄を観察によって明らかにしようというイメージがありますが、実は意外と理性の濫用を戒める側面があります。**実証主義とは、形而上学が理性の濫用であり、観察が理性の適切な使用であるという、ベーコン以来の再宣言**といえます。

コントの生き方と「人類教」

実証主義という堅実な学問観・真理観を提唱したコントですが、**彼の人生は波乱に彩られていました**。

まずコントは大変な貧乏をしながら苦学した人物で、貧困や病気もあり結婚相手とうまくいきませんでした。自殺未遂までしたほどです。

さらに晩年、コントは「人類教」と呼ばれる宗教を設立します。人類を愛し崇拝の対象とする宗教です。実証主義の祖がずいぶん感情的で独りよがりなことをするものだなと感じるでしょう。

しかし、人類を崇拝するとは、個人主義的な考えの批判でもあります。いうなれば、「私」から始まった近代哲学に対して、「私たち」をぶつける思想とも言えます。そうであれば、人類教とは実証主義的精神の倫理的帰結として理解されるべきでしょう。

「学問の頂点」哲学が 最高に輝いた一瞬

 ドイツ観念論とは異なる学問体系の志向

　スペンサーは、哲学に進化論的な考え方を導入したことで知られるイギリスの哲学者です。主著は『総合哲学』といわれる哲学を中心とした全学問の体系化を試みた大著で、30年以上かけて完成させた作品です。

　ちなみに、日本でも明治時代に西洋哲学が受容された頃、スペンサーの哲学は広く受け入れられ、多くの著作が翻訳されました。その後、ドイツ哲学の受容とともにスペンサーの日本における影響力は縮小しました。

　スペンサーは、ドイツ観念論に見られる体系志向と、イギリス経験論および近代科学に見られる理性批判・形而上学批判の両方を考慮し、**独自の哲学体系の構築を試みた哲学者**です。

　スペンサーは、一方ではフィヒテ、シェリング、ヘーゲルの哲学に見られる超越性・絶対的な知への志向を批判します。しかし他方で、彼らの体系志向を正当なものと評価し、哲学とはもっとも高度な普遍性を持つ体系的な学問であることを承認しています。

 哲学とは諸学問の頂点

　スペンサーによる哲学の規定は、高度な一般性（普遍性）と体系を持つ学問というものです。これは哲学側からも科学側からも同意見であるとスペンサーは言います。

　もちろん、科学の知も体系的で普遍的です。しかし科学の知は部分的な体系であって、いくつもの体系がある学問です。それに対して**哲学とは、それらの部分的な体系をも総合する学問であり、学問の営みの最終的な生産**

物となるものだと言います。

　スペンサーは、哲学と科学との対立を調停し、哲学とはあらゆる体系を統一する理論を扱う学問と考えます。

学問の原理は「同質性から異質性への進化」

　こんな話を聞けば、最高度の普遍性を持った体系などそもそも存在するのか、という疑問も生まれるでしょう。スペンサーはそれを断固「ある」と論じます。それがスペンサーの有名な「進化（進歩）」の概念です。

　余談ですが、スペンサーの「進化」の概念は、同時代の**ダーウィン**の「進化論」のいわゆるパクリ、進化論の濫用だと一般には思われています。スペンサーが存命している頃からそう評価されていました。

　ところが、スペンサー本人がこの評価に抗議していたそうです。彼は『種の起源』の数年前にすでに進化についての論考を発表しており、ダーウィンから着想を得たのではないそうです。この話は、過小評価されがちなスペンサーの哲学にとって重要な事実であるため、ご紹介しておきます。

　さて、「進化」はスペンサーの学問の哲学的原理です。では何から何への進化なのかというと、「同質性から異質性への進化」です。つまり、**単純・単一なものから、複雑・多様なものへの運動**を「進化」または「進歩」と呼んでいます。

　スペンサーは、この「進化」の原理は、あらゆる自然や有機体に共通する法則だと指摘します。しかも物理や化学や生物学の領域にとどまらず、人間社会や文明文化の領域にいたるまで、単純なものから複雑なものへと運動している点において、進化の原理が働いていると論じます。

　以上のスペンサーの哲学を一言で表せば、**進化の原理によって、哲学的な知の体系と科学的な知の体系が１つになる**という洞察です。

唯一の統一原理「進化」

　スペンサーは、実証的な科学研究の立場を根底に置き、圧倒的な体系性

を志向しますが、同時に人間知性の限界をも認めます。知識には際限がないと考え、またドイツ観念論のような絶対的・確実な知の存在やその獲得を否定します。

　さらに、私たちは自分たちの作り出した言語やものの考え方に制限されているという、ベーコンの「イドラ」的な考えも見られます。たとえばスペンサーは自然と人工、有機体と無機物といった区分で、それらを包括するような原理として「進化」の概念を提示しています。しかし、この**二項対立的な区分は、ものの本性としてはなんら必然的ではなく、人間理性の制約**だとスペンサーは見なしています。

　これらの人間理性についてのスペンサーの考えは、イギリス経験論に源流があると見てよいでしょう。それを踏まえてスペンサーは、人間知性によって知られうる唯一の共通原理が「進化」であるという洞察を残し、あらゆる対立を総合した唯一の学の体系を、ドイツ観念論とはまったく異なる形で試みた哲学者だったのです。

第1章
【古代】自然哲学 形而上学 vs

第2章
【中世】キリスト教 ギリシア哲学 vs

第3章
【近代】自然世界 人間理性 vs

第4章
【現代】旧哲学 新哲学 vs

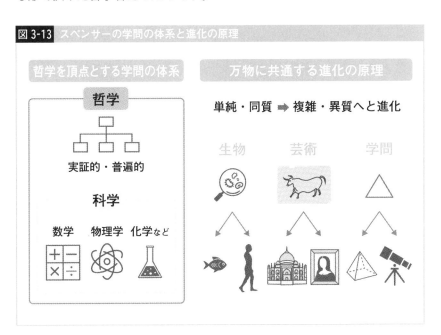

図 3-13 スペンサーの学問の体系と進化の原理

哲学を頂点とする学問の体系

哲学

実証的・普遍的

科学

数学　物理学　化学など

万物に共通する進化の原理

単純・同質 ➡ 複雑・異質へと進化

生物　　芸術　　学問

哲学は人類最高の
叡智の結晶である！

 ヘーゲル哲学史の功績

　哲学史のモデルは、ヘーゲルやヘーゲル主義者、あるいは新カント学派と呼ばれる、19世紀に影響力を持ったドイツの哲学者たちによって発展した哲学史です。

　ヘーゲル『哲学史講義』の序文はかなり奮っています。哲学とは、人類の最高の叡智の結晶であるとか、各時代に現れた最大の知性の煌めきを見出すことが哲学史という学問の使命である、などと述べています。

　そこでヘーゲルが取った戦略は、１つの理念のもとに歴史を描くことでした。その理念は、絶対理性や精神の自己展開（発展）です。**ヘーゲルによって、過去の哲学は単なるコレクションではなく、歴史の重要な１コマという意味を与えられました。**

　ヘーゲルの哲学史によって、哲学者たちを歴史的に位置付けることはできました。しかしそれと同時に、ヘーゲルは哲学の歴史を「発展」と理解したために、過去の哲学をすでに乗り越えられたものと見なしてしまいました。いわゆる「進歩史観」です。

　そういう問題点はあるものの、ヘーゲル以後に哲学史というジャンルが爆発的に盛り上がり、多くの哲学史が出版されるようになりました。

　そして現代にいたるまで、哲学史はまったく廃れていません。むしろ哲学という学問の主要な側面としての地位を得ています。哲学史を学ぶことは、決して単なる過去の学説の調査や整理にとどまるものではありません。哲学者たちの新たな側面を切り出す創意工夫にあふれた活動なのです。

第4章

【現代】
旧哲学
vs新哲学

コペンハーゲン
キルケゴールゆかりの地
ケンブリッジ
ベルリン
ウィトゲンシュタインの大学所在地　ボン　ショーペンハウアーの大学所在地
マルクス、ニーチェの大学所在地
パリ　フライブルク
多くの仏哲学者の活動拠点　フッサール・ハイデガーらの大学所在地
バーゼル
モンペリエ　ニーチェの大学所在地
アンリの大学所在地

ボストン
クワインの大学所在地

アルジェリア
哲学の舞台　デリダの出身地　アメリカ合衆国

近代までの哲学や学問を問い直し 多様な哲学が現れた時代

　現代哲学の特徴は、古代から近代までのすべての哲学と包括的に対決し、批判することです。その対決の仕方、批判の仕方は多様ですが、大きく言って英米の分析哲学と、ドイツ・フランスのいわゆる生の哲学や実存思想、現象学です。

　批判の内容としては、これまで自明と思われていた前提の誤りの指摘や、これまでの哲学で排除されてきた概念や事柄に注目して、そちらの重要性を指摘することです。

　それらの批判は、きわめて学術的で、精緻な論理によって論じられるため、哲学は大学における専門研究となりました。

第1章
〔古代〕
自然哲学
形而上学 vs

第2章
〔中世〕
キリスト教
ギリシア哲学 vs

第3章
〔近代〕
自然世界
人間理性 vs

第4章
〔現代〕
旧哲学
新哲学 vs

生の哲学・実存思想

現代の哲学は、近代哲学の批判から始まります。生の哲学は、精神と物質という二元論ではとらえきれない、自然や生命の全体性を「生」として考察する哲学です。実存思想は、ヘーゲルの理性と弁証法の体系に対して、自己とは何かといった問いを主体に、理性や弁証法の本質を再考する哲学です。

現象学

現象学は、ドイツのフッサールが始めた哲学です。これまで哲学は「存在とは何か」や、「正しい認識はいかに可能か」を問題にしてきました。現象学は、その両方を新しく問い直すため、自分の意識のあり方に注目します。日常的意識を「自然的態度」と呼び、その態度の克服が目指されます。

分析哲学

分析哲学は、英米の主流哲学です。言葉や文の意味を、誰にでもわかる明快な形に分析する手法を磨き上げた哲学です。その背景には、新たな論理学の発達があります。また、これまでの形而上学を批判する側面も強く、哲学が伝統的に自明としていた論理や前提を、次々と批判します。

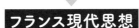

フランス現代思想

フランス現代思想は、過去の哲学史・哲学者のテクストを丹念に読み解き、矛盾や隠れた前提を明らかにする哲学です。主に存在の問題を扱っており、古代以来の形而上学を「現前性」や「同一性」や「全体性」と総括して、そうしたあり方とは異なる、まったく新しい仕方で存在の問題を考える哲学です。

ドイツ観念論の哲学、
絶対に許さない

 ## カント哲学を基盤にする哲学

ショーペンハウアーは『意志と表象としての世界』で有名なドイツの哲学者です。西洋哲学の中で仏教やインド思想を取り入れたことや、多くのエッセイや人生論を書いた哲学者として知られています。

ショーペンハウアー哲学のポイントの1つは、カント哲学をもとに、理性（認識）の限界を再設定したことです。それが「意志と表象としての世界」や「世界は苦である」という有名な思想につながります。

 ## ドイツ観念論を批判した「充足根拠律」論文

ショーペンハウアーの最初の重要な著作は、学位論文『充足根拠律の四方向に分岐した根について』です。この著作には初版と第2版があり、フィヒテ・シェリング・ヘーゲルの悪口を大幅に増補しています。

「充足根拠律」とは、ものが現実に存在する理由のことで、人間の表象に応じて4種類あるといわれます（次ページの図版参照）。

とはいえ、充足根拠律は「表象（現象）」に属するもので、「物自体」に属するものではありません。つまり、**充足根拠律とは人間がものを認識する際の制約**なのですが、その枠組みを離れては人間はものを考えることも感じることもできません。

ところで、ショーペンハウアーが充足根拠律をテーマに論文を書いた意図は、あまり明らかになっていないようです。そこで本書では、その意図をドイツ観念論への批判にあったと考えてみます。

すなわち、フィヒテのいう「事行」は意識・主観の活動であって、その

限りでは「表象」の枠組みで行われている活動です。そのためフィヒテを
はじめドイツ観念論の思考も、充足根拠律に従った考えでしかありません。

　このように、**表象と物自体を区別するカント哲学に近い立場から、ドイ
ツ観念論を再批判したことが、この論文の意義**です。

第1章
【古代】自然哲学 vs 形而上学

第2章
【中世】キリスト教 vs ギリシア哲学

第3章
【近代】自然世界 vs 人間理性

第4章
【現代】旧哲学 vs 新哲学

 ## 世界は私の表象であり、意志である

　上記の充足根拠律論文を踏まえて執筆されたのが、主著『意志と表象と
しての世界』です。「世界は私の表象である」という言葉から始まります。

　ショーペンハウアーによれば、世界は私の表象でしかなく、カントのい
う物自体は否定されます。私たちが認識して生きているのは表象の世界で
あることはもちろんのこと、カントが論じたように私たちの表象の由来や
背景に物自体があるという仮定もしません。

　物自体を否定したショーペンハウアーは、表象の由来を「意志（構想
力）」だと規定します。その意味で「世界は私の意志である」と言われます。

図 4-1　「なぜ存在するのか」に答える充足根拠律

充足根拠律の４種類

表象の対象が
４種類
↓
充足根拠律も
４種類

❶ 生成の根拠律（なぜ変化した？）
表象が変化したと判断する根拠
例：因果律　物体の燃焼

❷ 認識の根拠律（なぜ正しい／誤り？）
判断の真偽の根拠
例：論理法則　同一律（A＝A）

A＝A

❸ 存在の根拠律（なぜある？）
ある表象の存在を判断する根拠
例：時間と空間による制約

りんごがある

❹ 行為の根拠律（なぜする／したい？）
行為や願望を持つ根拠
例：動機・意欲（論理で説明不可）

act

構想力という用語は、もともとカントが『純粋理性批判』で用いた概念なのですが、ショーペンハウアーは構想力を「意志」の働きだと解釈します。

　構想力とはどんな表象でも作れる能力です。合理的な表象も作れるし、非合理的な表象も作れます。また、表象は消そうと思って消せるものではありません。たとえば、不快な音楽や言葉が頭の中から離れなくて、何度も反復されるということがありますよね。

　ですから、構想力は「盲目的（無目的）」です。そして、人間の知や理性といった事柄は、むしろこの構想力に依存しています。知の働きは、構想力の作り出す表象の適切さを判定することにすぎません。

　ここがドイツ観念論における知の理解と大きく異なる点です。ドイツ観念論においては、理性が人間や自然の本質でしたが、ショーペンハウアーにおいては、意志に由来する構想力が人間や自然の本質です。

 ## 理性が手段で意志が目的

　意志の話は、これまでの哲学史でもずっと重要でしたね。ショーペンハウアーは、理性が意志を利用するのではなく、意志が理性を利用しているのだと、意志と理性の主従関係を逆転させます。意志単体では正しいものではありません。正邪や善悪が入り交じった混沌（カオス）です。つまり、**自然や存在を無条件に善なるものとは認めない思想**です。

　あえて比較すれば、**ショーペンハウアーの哲学とは、シェリング哲学の世界観の転倒**です。自然が自己を知る歴史としてのシェリング哲学に対して、それ自体は決して規定されない意志が、ひたすらに自己拡張する歴史がショーペンハウアー哲学です。

　この洞察から、「世界の根底は非合理」であるとか「苦の世界」であるといった、有名なペシミズム（悲観主義）の話が理解されるでしょう。

　ショーペンハウアーの哲学は、盲目的な意志という、**完全に非理性的なものを根源に置いた哲学**として、ドイツ観念論をはじめそれまでの哲学とは一線を画します。当時の芸術家たちにも大きな影響を与えました。

真理を求めるなら、神との対話しかない

 ## キリスト教哲学からのドイツ観念論批判

　キルケゴールはデンマークの思想家で、『死に至る病』などの作品や「実存主義・実存思想」の哲学者として有名です。彼は大学の研究者ではなく在野の著述家で、いろんな仮名を用いて多くの著作を発表しました。

　キルケゴールの著作のほとんどはキリスト教に関するものです。重要な哲学者でもある理由は、主にヘーゲルを中心とするドイツ観念論の神やキリスト教への見方についての批判にあります。

　一見、宗教を持ち出して哲学を批判するのは、筋が悪く見えます。しかし、**宗教とは「真理（神）とは何か」や「神との出会い・対話」を問題にする点において、哲学と密接な関係**にあります。

 ## ヘーゲルへの批判「弁証法とは対話」

　キルケゴールのヘーゲル批判のうち、哲学的に重要なのは弁証法の批判です。弁証法という言葉には、もともと **「対話」** という意味があります。「意識の経験の学」としての『精神現象学』におけるヘーゲルの弁証法とは、意識が自己の本質を徐々に自覚する構造のことです。矛盾に直面したとき、隠れた前提が明らかになることによって乗り越えられていくという順序で段階的に進むものでした。そして、最後には意識は絶対精神（神）の存在を認識するにいたり、自己の本質と神の本質が同一であるという認識がゴールでした。

　しかし、キルケゴールは、人間が自分自身を完全に理解することなど不可能だと考えていました。そこで「対話」が重要になります。というのも、

対話とは「私とあなた」という関係の上に成り立つ行為だからです。

しかし、ヘーゲルの弁証法にこの意味合いはほとんどなく、「私と私の思考の対象」という関係の上に成り立っています。キルケゴールはここを批判します。対話は他者となされるものです。**誰と対話するのか、その対話によって何を得るのか。それがキルケゴールの関心です。**そして、対話の典型であるソクラテスの対話を考察します。

 真理は自分のうちにあるのか、外にあるのか

弁証法は真理を発見する方法でもあります。では、対話によって真理が獲得されるとき、真理はどこから獲得されるのでしょうか。

対話の元祖である**ソクラテスやプラトンの考えでは、自分がもともとうちに持っていた真理が対話によって目の前に現れます。**いわゆる「想起説」や「産婆術」です。

私たちはもともと真理をうちに持っているのだけれども、思い出せずにいます。それを対話相手（産婆）の導きによって思い出し、自分の考えを外に産み出すという比喩で、対話と真理の関係が語られます。

一方キルケゴールは、真理を自分のうちにあるものとは考えません。むしろまったく逆で、**対話（弁証法）によって明らかになることとは、自分が真理を持っていないこと（非真理であること）です。**

キルケゴールは、ソクラテスの対話が不知の自覚を促すことを本質とする点で称賛しますが、想起説や産婆術のような「自分自身のうちに真理がある」という考えは批判します。なぜなら、想起説や産婆術を語るソクラテスにしても、彼が対話で実際に達成されていることはお互いの無知を自覚させることでしかないからです。

 弁証法とは徹底的に個人的なもの

このようなキルケゴール独自の弁証法は、ヘーゲル弁証法に対しての根本的な批判の意味を持ちます。なぜなら、ヘーゲルにとって弁証法とは、学

問の基礎としての厳密な知だったからです。つまりヘーゲルは、最高度に一般性・普遍性を持つ認識として弁証法を考えていました。

キルケゴールの弁証法の核心は、徹底的に主体的・個人的なものであるという点です。彼は弁証法から、学問的な意味での普遍性や客観性を抜き取ってしまいました。それによって、ヘーゲルが構想した学問の基盤としての弁証法をすべて虚構と断じます。

第1章
【古代】
自然哲学 vs
形而上学

第2章
【中世】キリスト教 vs
ギリシア哲学

第3章
【近代】
自然世界 vs
人間理性

第4章
【現代】
旧哲学 vs
新哲学

自己探求の自由と、真理を求める生き方

キルケゴールの対話（弁証法）は、自己が非真理だと自覚させる働きをします。とはいえ、たいていの人は、自分が真理であるか非真理であるかなんてことは、気にしませんよね。「自分を知ることが大切だ」といった話はどこでもよく聞きますが、それらは「ほどほどに」自己を知ることが大切だと言うにすぎません。自己は非真理であるというところまで自己探求を続けようとする人は、ほとんどいないでしょう。

ですが、こうした自己探求を続けて、真理を求める生き方を選択することも、もちろん可能です。ここに、各人の自由や決断があります。

つまり、**自分自身は非真理であり、いくら自己内対話や他人との対話で思索を進めても真理は知りえないと自覚したうえで、それでもなお真摯に真理を求めるという生き方をすることもできる**のです。

そういう人には、神という存在が重大で現実的な問題になってきます。なぜなら、自己が非真理ならば、真理は自己の外部から与えられる以外にないからです。このような切実さが、キルケゴール哲学のポイントです。

神との対話を求めることが哲学的な生き方

ここまでの話を一言で表せば、**人間が真理を求めるなら、神との対話以外にはありえない**とキルケゴールは言っていることになります。

しかし、神との対話なんて絵空事にしか聞こえませんよね。そもそも、人間の側から神と対話関係を結ぼうなどという試みは、たとえ神の存在を認

めている人にとっても、妄想や狂気でしかありえません。神とはこちらの働きかけによって作用を受けるような存在ではないからです。

それを百も承知のうえで、それでも「神よ」と呼びかけざるを得ない。そういう状況が、非真理の私が、真理を求める哲学的探究のあり方です。神との対話は、聖書を読むことや、懺悔、祈りという行為で試みられます。

神と聞くと、私たちはつい拒絶してしまいがちです。しかし、自己とは何かという探究を進めていけば、必ず自己のうちに深い亀裂を発見することになります。その亀裂を埋め合わせる可能性があるとすれば、それは存在するかどうかもわからない**神的な存在への呼びかけ**という形以外にはない。それを伝えるのがキルケゴールの哲学です。

このように、キルケゴールは、ヘーゲル以降に、哲学を個人の生き方として考えた人物です。そこにキリスト教や神の問題がリアリティを持ってきます。また、「実存思想・実存主義」と呼ばれる、20世紀に大流行した「いかに生きるべきかの哲学」の源流にあたる哲学者と評価される理由です。

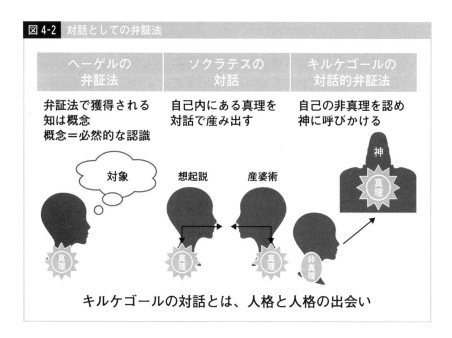

図 4-2 対話としての弁証法

ヘーゲルの弁証法	ソクラテスの対話	キルケゴールの対話的弁証法
弁証法で獲得される知は概念 概念＝必然的な認識	自己内にある真理を対話で産み出す	自己の非真理を認め神に呼びかける

対象
想起説　　産婆術
神
真理
真理
真理　　真理
非真理

キルケゴールの対話とは、人格と人格の出会い

共産主義は
自己実現の最終目的地だ

第1章
【古代】
自然哲学
vs
形而上学

第2章
【中世】
キリスト教
vs
ギリシア哲学

第3章
【近代】
自然世界
vs
人間理性

第4章
【現代】
旧哲学
vs
新哲学

 『資本論』の哲学者

　カール・マルクスは『資本論』で有名なドイツの哲学者です。彼の『資本論』は20世紀に最大の影響を与えた哲学書（経済学書）であり、ソ連などの社会主義・共産主義を標榜する国家の理論的な支柱でした。また、日本でも戦前戦後の昭和の時代にマルクス主義が大流行した点でも、とても名の知られた哲学者でしょう。

　マルクスは、**資本主義の誕生とその克服体制としての社会主義・共産主義を歴史の必然として**語りました。なぜそれが必然だと言えるのかというと、マルクスの考える人間の本質が行きつくところまで行きついた姿が、資本主義や社会主義だからです。

　まずはマルクス哲学の出発点となった中心概念の「疎外」について紹介して、それから人間の本質と歴史の必然を紹介します。

 疎外された労働は人間性を奪う

　疎外とはマルクスが若い頃から晩年まで一貫して保持していた、彼の著作全体に共通する中心概念です。**疎外とは、自分で生み出したものが自分と無関係になること**です。たとえば労働とは、自分が何かを生産する活動ですよね。自分で作り出した労働の成果物が自分のものにならないこと、これが疎外です。

　たとえばハンドメイドの製品を自作する場合、できあがった製品は自分のものです。また、所有物という意味に限らず、自分の個性や創造性が目に見える物体として現れたという意味でも、自分のものです。これをマル

203

クスは「発現」と言います。**労働の本質は、人間性（個性）の発現**だと言います。

　ですから労働とは、各人が自らの個性を発現することです。本来の労働や経済活動とは、個性の発揮のみならず、「類的存在」としての人間性の発揮でもあるのです。**疎外された労働とは、こうした個性や人間性が発揮・獲得できないような労働**を意味します。

 ## 意志による自由な活動が人間の本質

　類的存在という言葉を出しましたが、これは人間の本質のことです。本質とは共通性（類・普遍）のことだからです。マルクスは類的存在としての人間性を重視しています。人間の類的本質とは自由な活動にあると、マルクスは言います。

　自由な活動とは、含蓄のある言葉です。まず自由であるとは、未決定・未来志向を意味します。つまり、人間の本質とは、「これこれが人間の本質です」と具体的に規定されるものではなく、未来に向かっているということとです。

　そして、活動とは行為を意味します。つまり、精神や意識の存在自体が人間の本質ではないということです。労働や生産など、自然のうちで自然に対して具体的に働きかけて、はじめて人間は自らの本質としての自由を獲得できます。まとめれば、**未来へ向かって自由に活動する人間、これがマルクスの人間観**です。

 ## 資本主義の登場は自己実現の必然的過程

　資本主義や疎外された労働が現れたのは、歴史の必然として語られます。なぜなら、これらは人間が自由な活動を推し進めた結果、生じたものだからです。

　たとえば資本家（経営者・企業家）は、未来に向かって自由な活動を企てる典型的な人間です。つまり資本家とは、人間が自らの本質を実現した

姿の１つです。そのため、**資本家の登場は、人間の自己実現の発展に伴う、歴史的必然**なのです。

　そのような人間の本来的なあり方が、資本主義という経済構造の労働では、疎外されることもまた必然です。自由な活動による人間性の獲得であったはずの労働が、単に生存の手段に成り下がってしまっているとマルクスは指摘します。

 ## 資本主義や共産主義が現れる必然性

　資本家は資本の拡大再生産を通じて自己実現を果たす存在です。しかし資本（お金）は、その性格からして決して究極目的にはなりえません。お金は手段だからです。

　マルクスは、人間がお金を究極目的と勘違いしてしまう過程を詳細に論じます。お金があたかも神のように扱われるという話があります。お金を増やすことと自己実現とを同一視する価値観です。

　しかしその価値観も、人間が自己実現を目指す限り、いずれは捨てられます。それが資本主義の次に来る、社会主義および共産主義の時代です。**共産主義とは、人間の本質（人間性）が最高度に発揮される社会体制**と説明されます。

　つまり、マルクスが資本主義や共産主義を歴史の必然として描けたのは、自由な活動を人間の本質と見なし、歴史とは人間が自己を実現し続けていく過程であると考えていたからです。

 ## 近代哲学のエッセンスが凝縮された哲学

　ドイツ観念論も、歴史を自然や理性が自己を実現する過程ととらえました。しかしマルクスは、そういう理念的存在の自己実現ではなく、一個の身体を持つ人間が自己を実現する過程を歴史ととらえました。

　マルクスの哲学は、近代哲学の批判であると同時に、近代哲学のエッセンスが凝縮された哲学でもあります。

数ある名言の根底にある 1つの哲学を教えよう

 力への意志とニヒリズム

　ニーチェは『ツァラトゥストラかく語りき』や『道徳の系譜学』で有名なドイツの哲学者です。「神は死んだ」「超人」「永劫回帰」「運命愛」といった言葉でも有名ですね。名言製造機といってもいいくらいです。

　ニーチェは、もともと古代ギリシアのテクストを研究する優秀な古典文献学者で、古代のコラムで紹介したディオゲネス・ラエルティオスの『哲学者列伝』の研究などをしていました。ニーチェの古代ギリシアの豊富な知識の源泉は文献学です。

　哲学の方面では、自然や真理、善や道徳といった概念の意味を問い直し、**古代・中世・近代の形而上学を全面的に批判した巨大な哲学者**です。

　ニーチェの哲学のポイントは、自然や生命を「力への意志」という概念で解釈したことと、これまでの哲学・形而上学は必然的に「ニヒリズム」（虚無主義）にたどりつくという洞察です。「永劫回帰」はその帰結です。

 生とは力への意志である

　ニーチェ哲学の重要概念は「力への意志」です。

　言葉のイメージだと、支配の実権を握る意志のように思えますが、ニーチェの言う力とは、狭い意味での権力ではありません。この力とは、**生命が自分自身を超えようとする動き**のことです。生命は常に生成・変化し、今までの自分とは違うあり方に変わっていきます。

　意志のほうも、ふつうの言葉遣いとは異なります。というより、これまでの哲学が「意志」という言葉に託していた意味を、ニーチェは批判しま

す。これまで意志とは、自覚的で、目的を伴った人間精神の働きという意味で使われていました。しかし、**ニーチェのいう「力への意志」は、無自覚で無目的**なものです。

ここにはショーペンハウアーのいわゆる「生きようとする無目的な生への意志」との類似があります。ただし、ニーチェはショーペンハウアーの「生への意志」という言葉は、語義矛盾だと言います。なぜなら、意志とは生きた存在だからです。すでに実現していることを望むのは矛盾だというわけです。「現に存在しているものが、どうしてさらに現存在へと意欲するはずがあろう」とニーチェは皮肉を言います。

 ## 意志は制御できないほどの力を持つ

ニーチェは、アウグスティヌスの節でも説明した「意志」の意味を、十分に理解したうえで転倒させています。

アウグスティヌスによれば、意志とは自由な選択でした。自由の中で、正しい意志を持つことが、よい生き方につながると言われていました。

古代から、意志とは非常に大きな力を持つものだと考えられてきました。ストア派やデカルトが典型的で、意志の能力だけなら人間は神に匹敵すると彼らは言います。彼らにおいては意志とはあくまで主体である「私」が持つ能力でした。意志とは、私がコントロールできるものです。

しかしニーチェは、そうは考えません。**意志とは、個人では抗えないほど大きな力を持つ**ものです。私のうちにあるはずだが、私の手に負えないもの。それが意志です。これほどの力を持つ意志が、人間の所有物というつまらない場所に収まっているはずがありません。むしろ、意志こそが主体であって、個々人の自我や意識などは、意志の手段にすぎないと考えます。

つまり、**ニーチェは、人間と意志の関係を逆転させ、意志を主体に置き、人間を客体に置きました。**意志は人間を手段にして、自らを実現します。

こうしてニーチェは、自然や生命の根源を「力への意志」という言葉で表現します。力への意志とは、個体を超えた大きな力であり、常に自分自

身を変化させ、超えていこうとする意志です。この意志は無自覚で無目的な面を持つので、衝動や本能といった言葉に近いものです。

 ## ニヒリズムとは諸価値が無になること

次に、力への意志とニヒリズムの関係を見ましょう。

ニーチェによれば、**ニヒリズムとは「至高の諸価値（善・美・正・聖など）が無価値になること」**であり、「神は死んだ」という言葉もニヒリズム的な考えといえます。

どうしてそれらの価値や神が無価値になったのかというと、ニーチェは諸学問の必然的な帰結だと考えます。まず、自然科学が研究するのは世界の出来事のメカニズムであって、それが善か悪かなどを論じたりはしません。それらの学問が発展すればするほど、世界は価値とは無関係に存在するという見方が支配的になります。

 ## 系譜学によって道徳の歴史的起源を明らかにする

一方、哲学は、自然科学とはやや異なる側面を持つこともあります。イデアのように善や美という価値が、単なる主観ではなしに実在するという考えをすることもあるからです。また神という存在は、価値そのものです。

しかしニーチェは、善や美、道徳や神といった価値が発生した歴史を調査します。これが「系譜学」です。その調査の結果、それらの価値はどこかの時点で誕生したものだと判明し、普遍的な実在とは言えなくなります。

ですから**「神は死んだ」という言葉は、自然科学や系譜学の成果によって、神は人間の発明品であることが実証された、という意味**です。

 ## 科学と哲学の共通点が「力への意志」

今の説明は、哲学と科学を対比させたものでした。しかし、ニーチェが重要なのは、むしろ両者には共通の発想があると指摘したことです。

その共通の発想とは、イデアにせよ、科学にせよ、客観性を目指す点で

す。**客観性の志向こそが、哲学や科学における「力への意志」**です。

科学は世界に価値が存在しないことを真理として述べ、哲学は世界とは別に価値が実在することを真理として主張します。このように、どちらも客観的な真理を目指しています。そして、主観的なものは「仮象」すなわち否定されるべきものと見ている点で、両者は共通しています。

しかし、客観性とは、それを追求すればするほど、自らの独善性が明らかになっていくものです。これまで客観的・普遍的だと思われていた知識が、主観的・地域的（ローカル）な知識にすぎなかったことが、次々と明らかになっていきます。

こうして、哲学を含む諸学問は、自らの真理性を追求すればするほど、自らが普遍的な価値を持たないことが明らかになります。その行きつく先、いな、むしろ**普遍性や客観性が完全に実現した姿こそ、いかなる普遍性も客観性も否定するニヒリズム**です。ですからニヒリズムとは、ニーチェによれば「これまでの世界解釈の必然的帰結」です。

 「一切の価値転換」を目指す永劫回帰

こうしてニーチェは、諸学問もまた「力への意志」の1つの表れにすぎず、それが判明することによって、必然的にニヒリズムにたどりつくという、歴史の運命を明らかにしました。

ここからニーチェは、すべてが無価値であることを逆に肯定しようとします。それが「一切の価値転換」の試みであり『ツァラトゥストラかく語りき』の内容です。「超人」や「永劫回帰」、「大地」や「身体」といった概念です。これらはつまり、科学や哲学が「仮象」として否定した事柄の復権を目指すものです。

力への意志が、無目的である以上、意志の活動とは「子供の遊び」と変わらないものです。永劫回帰とは、そんな無意味な遊びが、過去から未来永劫にわたって同じ姿で繰り返されるという思想です。無意味なものの繰り返しほど無意味なものはありません。ですから、**永劫回帰とは無意味さ**

をとことんまで過激に強調した思想として理解できます。

　私たちにあるのは、圧倒的な無意味さだけです。それらに何らかの意味を見出そうとする努力が、これまでの哲学でした。しかし、意味を見出すのではなく、無意味さを直視して肯定すること、それが真理であり、私たちが唯一獲得できる価値です。

　ニーチェは決して、哲学の立場から科学を否定したとか、無神論やニヒリズムの立場からイデアや神を否定したという哲学者ではありません。

　客観性・普遍性の追求という、哲学と科学に共通する発想を発見したこと、そしてそれらを「力への意志」の1つの表れとして理解し、歴史の運命を明らかにしたことに、彼の独自性・英雄性があります。

　ですからニーチェは、あるときは科学（実証主義）的知見から哲学を否定し、またあるときは哲学的知見から科学（実証主義）を否定します。

　ニーチェの哲学によって、**膨大で綿密な文献調査や科学の知見に基づく近代批判という、現代思想の基本的な動向**が決定的になりました。

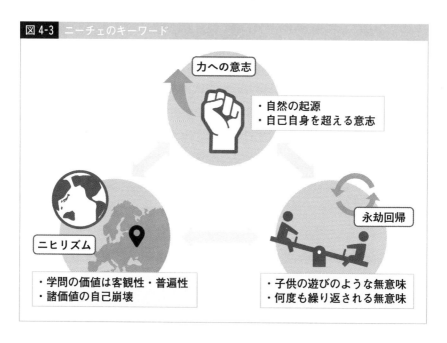

図 4-3　ニーチェのキーワード

力への意志
・自然の起源
・自己自身を超える意志

永劫回帰
・子供の遊びのような無意味
・何度も繰り返される無意味

ニヒリズム
・学問の価値は客観性・普遍性
・諸価値の自己崩壊

乗り越えられそうで 乗り越えられない「生」の哲学

 現代哲学の1つの潮流「生の哲学」

　ベルクソンは『時間と自由』や『創造的進化』で有名なフランスのユダヤ系哲学者です。ノーベル文学賞を受賞し、世界的な名声を得た哲学者です。

　彼の哲学は「生の哲学」と呼ばれる哲学・思想のカテゴリーに分類されています。「生の哲学」をごく簡単に言えば、生命の本質を精神や物質のみに還元するのではなく、理性とはいえない感情や身体性などをも含めた、**生命の全体性（＝生）を考察する哲学**です。つまり、ドイツ観念論や唯物論・実証主義に対する批判として「生の哲学」は位置付けられています。

　ベルクソンの著作は、科学の知見を用いて、多彩なテーマを発想豊かに論じるものです。それらベルクソン哲学の全体のテーマを１つ挙げるとすれば、近代の世界観の批判です。

　近代の世界観とは、主に科学と哲学が生み出した機械論的世界観のことです（デカルトの節参照）。**機械（数学）をモデルに自然や動物を研究する近代の学知に対して、ベルクソンは新たなモデル・新たな世界観を提示**しようと試みた哲学者です。

　ベルクソンの「意識」や「生命」に関する考察を紹介します。

 意識とは持続である

　最初の主著『時間と自由』では、時間をテーマに意識が考察されます。

　ベルクソンは、時間には量的なものと質的なものがあるとざっくり区別します。量的な時間は区切れるほうで、何時何分、昨日、もしくは来週などと言えます。反対に質的な時間は、私たちの個人的な体感のほうで、同

じ1時間でも長く感じたり短く感じたりします。

では、どちらの時間が、私たちの意識にとって本質的なのかといえば、ベルクソンは質的な時間のほうだと言います。量的な区切れるほうの時間は、生活するうえで便利だから使っているだけです。それに、時間は物質ではないのですから、実際には区切れません。

この意識にとっての質的な時間を、ベルクソンは「持続」と言います。

持続は、それぞれの意識にとっての時間感覚ですから、客観的に示すことはできません。また、1時間といっても、人によって感じ方が違います。

さらに、虫や植物も、生命である限り何らかの時間意識を持っているはずですが、その感じ方はまったくわかりません。しかし、この**持続にこそ、意識の根源がある**と考えるのがベルクソンです。

 ## 生命は創造的進化である

次に生命です。第2の主著『創造的進化』は、生命や生物に関する考察です。当時の進化論は、進化のプロセスが機械論か目的論か、いずれかの考え方をしていました。機械論は目的なしの因果・必然性であり、目的論は目的を持った必然性です。いずれにせよ、進化のプロセスは何らかの必然性を伴い、最初から決定しているものだと考えています。

これに対してベルクソンは、**進化は必然的なものではなく、決定もされていない**と述べます。進化には偶然的な面があり、事前に予測がつかないものです。非決定であることが進化や生命の大前提であって、そうであれば機械論も目的論も、最初からそこを間違っているわけです。

だからといって、進化は偶然にすぎないわけでも考えません。進化とは、生命が予測のつかない方向へ自らを創造する行為なのだとベルクソンは考えます。そのため、**進化の本質とは非決定で未完了な創造行為**です。

 ## あらゆる生命に意識がある

創造は必然とも偶然ともいえない、主体的な活動です。ここからベルク

ソンは、意識についての伝統的な考え方の刷新を試みます。

つまり、意識は精神的存在にのみ認められるとか、植物は動かないから意識を持たないといった考えをベルクソンは否定します。つまり、あるかないか、０か100か、で考えないということです。

あらゆる生命は意識を持っており、それが覚醒しているか麻痺しているかの違いであって、程度の差なのです。

たとえば、動物は生存のためにあちこちを移動しますが、移動するには意識が目覚めていないといけません。寝ているときはほとんど動きませんよね。一方植物は、動かなくても生きていけます。そのため、ずっと寝ているような状態でいてもなんの不都合もありません。

個々の生命や種は、必要に応じた意識を持っているとベルクソンは考えます。こう考えると、移動する植物や、移動しない動物、陸生の魚といった例外的な生物についても、定義不可能な謎ではなくなるでしょう。

 ## 生命とは物質の下る坂を上り返す努力

ベルクソンは生命について「物質の下る坂を上り返す努力」というイメージを語ります。生命とはある種の力ですが、物質はその力を失ったもののことです。そして、私たちは自分自身の物体（身体）にくぎ付けにされており、どんどん壊れていきます。つまり死への坂を下っています。

しかし、単になすすべなく転がり落ちているのではなく、その坂を上り返す活動が見られるとベルクソンは言います。その**上り返す行為こそが、彼が再生や創造と呼ぶもの**であり、必然的な決定を前提とする、機械論や目的論では決して説明できない生命のあり方や意味がそこにあります。

ベルクソンの哲学とは、生命や意識を創造の主体と理解するものです。その根底には自由があります。その自由は、時間意識における質的な体感や、進化における非決定という言葉で表現されています。これらの**質感や非決定を基礎に置いたベルクソンの哲学**は、現代フランス思想をはじめ諸哲学に大きな影響を与えることになりました。

第1章
【古代】自然哲学 vs 形而上学

第2章
【中世】キリスト教 vs ギリシア哲学

第3章
【近代】自然世界 vs 人間理性

第4章
【現代】旧哲学 vs 新哲学

現象学の基本中の基本

 現象学とは存在や意味を問う哲学

　フッサールは、現象学と言われる哲学の創始者として有名なドイツのユダヤ系哲学者です。主な著作に『イデーン』『デカルト的省察』があります。

　彼の現象学は、存在や自己といったものの意味を根本的に問い直すもので、20世紀以降で最重要レベルの哲学です。

　現象学の基本的な考えは、「存在について知るためには、日常性から距離を取る必要がある」というものです。たとえば私たちは日常生活の中では、目の前にある机の存在を疑ったりはしません。日常の物体に限らず、学問で用いる思考や論理も同じです。数学や物理の公式は、一度理解すればいちいち確かめる必要なく使用されるものです。

 日常性＝自然的態度から離れる

　日常生活や学問は、物事の存在を自明のものとして考えることで成り立っています。「ものが見える通りに存在するし、それには客観性・妥当性がある」という考え（信念）を、フッサールは「自然的態度」と呼びます。

　別に日常や科学に対しては自然的態度でかまいません。自然的態度でなければ生活も研究もできません。しかし、哲学の問いとは、「ものがあるとはどういうことか」「ものが存在することの根拠はいったい何か」というものです。つまり、**自然的態度にとっては自明な事柄について問うのが哲学**です。

　このような問いに、自然的態度で答えることは不可能です。そこで私たちの自然的態度を一旦保留して、存在について考える方法を模索するのがフッサールの現象学です。

自然的態度から離れる方法が「現象学的判断保留」

自然的態度とは、ある机を見たとき、「木製」や「細長い」といった性質についての考えとは別に、「机が存在する」という信念も持ってしまうことです。机の性質（本質）と机の存在をセットで考えるのが自然的態度です。

さらに重要なのは、私たちも机も世界の一部であり、まず**世界が存在することが前提とされているのが自然的態度**です。自然科学も実証主義も、世界や物事の実在を前提したうえではじめて成り立つ学問です。

しかし、そのように実在を前提としてしまうと、存在についての問いが問われなくなってしまいます。そこで、実在を自明のものと考えるのをやめることで、存在への問いに気が付くことが、フッサールの現象学の狙いです。その前提を取り除く方法が「現象学的判断保留（エポケー）」です。

目の前の机から、「机が実在する」「世界が実在する」という判断を保留して、目の前の机が私の意識にどう感じられるのかだけに集中していきます。これが「現象学的還元」といわれる行いです。

 ## 世界とは意味である

現象学的還元によって机を見ると、「机」というのは意味であることに気が付きます。私の意識にとって目の前の物体は「机」として現れています。しかし机とは、もちろん私自身が、その物体に与えている名前です。言い換えれば、「机」を意味する物体が目の前にあります。机に限らずすべてがそうです。世界とは、私の意識が意味を与えるものだらけです。

つまり、「世界がまず存在する」という自然的態度を外すことによって、**世界は私の意識が意味を与えてはじめて存在する**ものだと感じられます。

 ## 私の意識は「流れ」である

私の意識の存在は、世界（主観）が成立する条件です。そこで私の意識（自己意識）とは何かが問題になります。フッサールは自己意識を、過去と

未来について一定の持続を含んだ現在ととらえました。

　音楽やサイレンなどの例がわかりやすいでしょう。自己意識が対象（音）をとらえるには、必ず一定の時間を含んでいます。それは過去からの継続はもちろん、未来（続き）にどう聞こえるかも含んで、はじめて音楽やサイレンを意味するものだとわかります。

　言い換えれば、**自己意識とは対象が現れては消えていく「流れ」**そのものだとフッサールは考え、これを「意識流」と呼びます。

　これは巨大な川の流れのイメージです。川には多種多様なものが流れていて、大体のものは沈んでいて気が付きません。そのうちに水面に浮かび上がってきたものが目に留まり、「これは〇〇だ」などと意味付け（認識）されます。水面に上がっている状態が現在です。この現在は、まだ水面に上がっていない過去と、やがて沈むであろう未来とを含んでいます。

 意識流を作り出すもの「生ける現在」

　意識の流れを現在ととらえるフッサールですが、ここで１つ難題につきあたります。**意識についての分析（反省）は、必ず事後的になされる**ということです。自己意識は流れる現在であるなどといっても、その分析によって得られた現在は、とっくに流れ去ってしまっています。

　自己意識が自己意識たるゆえんは、自己分析すなわち反省が可能である点にあります。反省とは常に後から振り返るという形で行われます。

　しかし、フッサールがもっとも突き止めたい自己意識の根本にある「流れ」とは、現在にしかありません。自己意識は、自らを流れとして成立させている根拠の存在に気が付きますが、決してその根拠をとらえることはできないという状況にいたります。フッサールは、その決して突き止められない自己意識の根拠を「生ける現在（生き生きとした現在）」と呼びます。

 現象学の意義

　現象学の第一の意義は、自然的態度の克服にあります。自然的態度は、実

証主義や科学の基盤となっています。だから自然的態度を自明なものと見なさず、私たちの自然的態度が発生してくる原理を突き止めることが、あらゆる学問の基礎になるだろうとフッサールは考えました。

また、フッサールの現象学は、**存在や存在の意味を根本的に問い直すことを目的**としました。その根本を「生ける現在」として突き止め、自己意識や世界を作り出す根拠を発見しました。

しかも、その根拠は、まったく解明されないものであるという点が重要です。

これは人間知性の限界の露呈とも見えますが、自然や存在の正体を突き止めたとも評価できるでしょう。自然や存在とは、その根源においては、自らを決して現さないものだという洞察です。

このようにして哲学は、**現象の根底にあって、現象を成立させている根源的な何かの探究**へと再び導かれます。現代以降でも古代哲学や中世哲学が決して時代遅れにならず、読まれ続けるのには必然性があります。

図 4-4	フッサールのキーワード

問題意識	フッサールの概念・用語
脱却すべき前提は何か	自然的態度
どのように存在を問うか	現象学的判断保留 現象学的還元
存在を理解する意識とは何か	意識流
意識にとって存在とは何か	生ける現在

20世紀最大の哲学書『存在と時間』を解読する

 途中放棄された20世紀最大の哲学書

　ハイデガーは『存在と時間』で有名な、20世紀最大の哲学者の1人と評価されるドイツの哲学者です。またナチス政権下において、フライブルク大学の総長に選出された直後にナチ党に入党したことが有名（悪名）です。国立大学総長としてハイデガーは、自身の哲学や教育の理念による大学改革・教育改革を試みたものの、激しい抵抗を受けたこともあり、わずか1年で総長を辞任しました。

　主著『存在と時間』は、現象学の方法を用いて、存在を考える哲学書です。『存在と時間』は、途中で放棄された未完の書ですが、その後のハイデガーの哲学は最終的にはプラトン以降の西洋形而上学全体を、つまり**本書でこれまで語られてきた哲学のほぼすべてを**「存在忘却の歴史」**として批判するにいたる巨大な哲学**です。

 「存在者」と「存在」の区別

　『存在と時間』のあらすじを紹介します。ハイデガーによると、これまでの哲学では「存在者」ばかり考察されて、「存在」の考察が忘却されていたといいます。存在者とは、目の前の机や本のことです。対して存在とは、「目の前に机があること」あるいは「机という存在者を存在させている原理」などを意味します。

　両者の区別の意味は、私たちが存在とは「目の前にあること」だと考えていることを明らかにすることです。物理的なものに限らず、頭の中で何かを思い浮かべることも「目の前にあること」といえます。

ちなみにこれを「現前性」といいます。この用語はハイデガーに限らず、デリダなどほかの哲学者のキーワードでもあります。

 存在や真理は隠れている

ハイデガーによれば、これまでの哲学は存在を現前性として考えていたせいで、存在についてほとんど考察されてきませんでした。なぜなら、それは存在そのものについての考察というより、主体（理性）の判断の仕方についての考察だからです。

つまりハイデガーは、**存在とは何も目の前にあるものだけではないと言いたい**のです。では目の前にない存在とは何でしょうか。もちろん、隠れているものですが、これには幅広い意味があります。

たとえば自然や生命も、ハイデガーにとっては隠れているものです。目の前に現れるのは山や海、動物や植物などの物体（存在者）であって、それらをいくら分解・解剖しても、自然や生命を存在者たらしめている本質は、決して目の前には現れません。

しかし、むしろ**生命のような隠れているもののほうこそ、存在者を存在させている**ものです。そのため、ハイデガーにとって「真理」とは、隠れているものを何らかの形で知ることです。しかし、その知は「生命とは○○である」という形では、決して定義できません。その定義できないものが何らかの形で知られうることを、真理を知ることだと考えています。

 存在とは時間である

次に時間の話をします。『存在と時間』という題名は、**存在と時間は1つである、存在とは時間のことだという意味**です。存在と時間を結びつけるのは「現前性」と関係があります。何かが目の前に現れているのは、常に今現在だからです。

また、あるものの存在について判断し、存在とは何かを考えることができる主体のことを「現存在」と呼びます。現存在とは、今存在について考

第1章
【古代】
形而上学 vs
自然哲学

第2章
【中世】
ギリシア哲学 vs
キリスト教

第3章
【近代】
自然世界 vs
人間理性

第4章
【現代】
旧哲学
新哲学
vs

図 4-5 ハイデガーの存在者と存在について

存在者
（自然）

生き物は現前している＝「存在者」

現存在
（人間）

存在は現前しない
存在が明らかになることが真理

えている私たち自身（人間）のことです。

　ここからハイデガーは、存在とは何かを知るために、現存在の分析を試みます。というのも、私たち（現存在）はある程度は存在を知っているからです。もしまったく知らなかったら、考えることもできません。

　つまり『存在と時間』は、現存在の分析をした哲学書です。

 現存在は二重のあり方をしている

　私たち現存在は、二重の側面を持つとハイデガーは言います。それが「本来的自己」と「非本来的自己」と区別されます。

　まず非本来的自己とは、自己でない側面、つまり他人と同じように考え、行動しようとする側面を意味します。現存在は、日常生活では非本来的なあり方をしています。

　しかし、完全に他人で同じであることはできません。他人はこうしているが、私はどうするのかという問題に直面します。そこで問われるのが、日

常的なあり方とは異なる「本来的自己」です。文字通り、自分とほかの存在を区別するものです。自己の固有なあり方ともいえます。

　両者を区別するため、ハイデガーは現存在の特徴ないし行動を考察し、それを「気遣い」と規定します。

「気遣い」の本質は「時間性」である

　気遣いとは、本来的自己にも非本来的自己にも共通する現存在のあり方です。しかし、その気遣いの表れ方に、両者の違いがあります。

　なぜ気遣いという規定がされるかというと、私たちは世界のうちにあって、世界とかかわりながら存在しているからです。そういった現存在の世界へのかかわりをハイデガーは「気遣い」と呼んでいます。

　気遣いの中身は主に2つで、身のまわりの道具への気遣い（配慮）と、他人への気遣い（顧慮）という例を出しています。

　そして、気遣いの本質は「時間性」と語られます。時間とは過去・現在・未来のことです。気遣いは、すでに与えられた状況（過去）で、そこで出会う物事（現在）に働きかけて、新しい状況を志向すること（未来）です。

　ちなみに、日常的な非本来的自己の気遣いでは、新しい状況を志向するよりも、他人や過去と同じであろうとします。一方、**本来的自己の気遣いとは、未来、まだ見ぬ可能性への志向に存在します。**

　また、ハイデガーが、気遣いといった、現存在にとっての視点で世界を語る目的は、人間と世界を、主観（主体）と客観（客体）の関係でとらえる単純で図式的な考え方を批判するためです。

自己の生の全体を支える原理は「死」

　本来的自己とは、まだ見ぬ可能性の追求というあり方をします。アリストテレスの可能態と現実態の話と同じです。可能態を現実態にすることが、本来的自己の働きといえます。

　本来的自己と非本来的自己を行き来しながら、現存在は生きています。誰

第1章
【古代】
自然哲学 vs
形而上学

第2章
【中世】
キリスト教 vs
ギリシア哲学

第3章
【近代】
自然世界 vs
人間理性

第4章
【現代】
旧哲学 vs
新哲学

でもいつも自分の存在を気にかけている以上は、自己の固有なあり方を考えることもありますからね。

　ただ、ハイデガーは、時々ではなく常に、そして部分的にではなく全体的に、現存在が本来的自己として生きる条件、そういう哲学的な原理を探究しています。したがって現存在にとって、現実のみならず、可能性を含めた自己の全体を見渡す視点の確保が必要です。それが「死」です。

　死は常に私たちのそばに、可能性としてあります。死が実現したら私たちは死にますから、常に可能性です。しかも死ぬのは確実であり、少しも思い通りになりません。また、死の可能性が、ほかの可能性と違うところは、死は私たちが目指す目的にはならないという点です。

　思い通りにならず、目的にさえならない存在が、私たちの生の全体を支えている原理であること。そこにハイデガーは注意を促します。

「良心」は本来的自己の証

　死の考察は、本来的自己として生きられる可能性を示したものです。しかし、どのような生き方が本来的自己なのかという点は、まだ示されていません。本来的自己としての生き方を確証する手段に欠けている限り、死を理解しているつもりになっているとか、本来的自己として生きているつもりになっているという、最悪の自己欺瞞がつきまといます。

　そこでハイデガーが、**本来的自己へと向かっている証・基準として引き合いに出すのが**「良心」**という概念**です。「良心を持ちたいと念じること」や「良心の声を聞こうとする意志」が、ある人が本来的自己へと向かおうとしている証となるとハイデガーは言います。

　それにしても、死だの、良心だの、ずいぶん怪しげな話が続きますよね。良心は当然、存在者ではないので、客観的な証拠にはなりません。ある人が本当に良心に従っているかどうかは、他人からはわかりませんし、その人自身にさえわからないでしょう。

　そこで、中世哲学における意志の概念を連想すると、少し話が見えてく

るかもしれません。たとえば、**良心の声を聞こうとする意志とは、アウグスティヌスが神を知る意志を持ち、恩寵を求めること。**エックハルトが自己を放棄する意志を持ち、根底の神を受け入れること。そういうイメージです。つまり、具体的にこうすれば恩寵が得られるとか、これをやれば良心の声が聞こえるとかいう話ではありません。神の恩寵や良心の声というのは、こちらの思い通りにならないものだからです。

そのため、真に神や良心の声を求めようとすれば、どんな権威に頼ることもできません。他人と同じであろうとする非本来的なあり方では、それらは決して与えられません。自分の頭で考え、自分で決断することで、与えられる可能性が開かれるはずです。

それが自分に固有な生き方であり、そういう生き方をしている人がいれば、この人は良心の声を聞こうとして生きているといえるのではないでしょうか。それ自体では決して存在者ではありえない、良心なるものが存在するのだとすれば、そのような人の生き方に表れてくるはずです。それが、存在者ではない存在が現れる仕方でもあります。**「良心」という概念は、ハイデガーの存在と存在者の区別がよくわかる一例**です。

ハイデガーの形而上学批判の意義

ハイデガーの哲学は、形而上学の批判としての「存在」の哲学とまとめられます。『存在と時間』以後のハイデガーは、存在の哲学と形而上学批判を、別の仕方で行いました。それがいわゆる後期ハイデガーといわれています。後期ハイデガーは、いっそう独自用語を多用しますが、これは形而上学の伝統的な用語の使用を避けるためともいわれています。

ハイデガーの形而上学批判の中身は、存在を「現前性」ととらえることの批判です。**存在は決して現前せず、隠れている。その声を聞こうというのが、ハイデガーの存在の哲学のエッセンス**です。『存在と時間』が現代哲学の大きな基礎となった理由も、彼の形而上学批判の試みが正当と認められたからです。

「ない」を考える哲学

 ## 行動する知識人

　サルトルは『存在と無』や小説『嘔吐』で有名なフランスの哲学者です。20世紀後半、50年代から60年代にかけて世界的に大流行した哲学者で、パートナーの**ボーヴォワール**と共に世界中を講演してまわりました。政治問題や社会問題に積極的に発言し、参加したサルトルは、「行動する知識人」と呼ばれました。

　哲学的には、サルトルは「自由」を語る実存主義の哲学者として有名です。人間は自由な存在ですが、その自由の根底には「無」があります。あるはずのない**「無」を考える哲学が、サルトルの独自性**であり、過去の西洋哲学との対決です。

 ## 実存主義と無神論的実存主義との違い

　サルトルは「無神論的実存主義」を自称します。実存主義は、キルケゴールの節で見たように、自己の主体的な真理を見出そうとする哲学です。しかし、自己とは何かを考えるほど、自己とは非真理そのものであることが明らかになる、というのがキルケゴールの結論でした。

　そのような非真理としての自己という存在に対して、真理としての神という存在が問題になりました。そのため、サルトルの立場とされる「無神論的実存主義」とは、少々矛盾を帯びた概念です。

　しかし、その矛盾こそがサルトルの狙いです。真理としての神の存在を認めなければ、人間は非真理のままです。非真理の存在とは、非本質的・偶然的な存在とも言い換えられます。**本質が存在しないのが人間に特有の**

あり方だとサルトルは言います。

　無神論の立場を取り、そこから人間の本質を宙吊りにすることで、サルトルは独自の人間のあり方を導きます。その象徴が、「実存は本質に先立つ」という有名な言葉です。

「実存は本質に先立つ」の意味は自由の確保

　実存とは現実存在の略で、現にあることです。本質とは「〇〇である。〇〇のためにある」といった規定です。

　たとえば道具は、本質が実存に先立ちます。ハサミはものを切るためにあります。よく切れるハサミはよいハサミで、切れないハサミは悪いハサミです。その本質を果たせるか否かで、優劣や善悪が決まります。

　では、もし人間の本質がハサミのように規定できたとすれば、どうでしょうか。実際これまで、「人間の本質は理性的であることだ」などという規定がありました。すると、理性的な人間はよい・優れた人間で、非理性的な人間は悪い・劣った人間だという規範ができあがります。

　これに対してサルトルの場合、**人間は実存が本質に先立つゆえに、「こうあるべき」というような考え方から自由**です。自分が何者であるかを自由に決定できるというのが、サルトルの考えです。

　本質がないという「無」や「否定」を、サルトルは肯定的に解釈します。**「無だから自由だ」というのが、サルトル哲学の基本**です。

「ない」を考え、無の起源を問う哲学書

　主著『存在と無』は、無についての思考を試みた哲学書です。存在と無というテーマは、パルメニデス以来、おなじみですね。「ないはない」、つまり無は考えることができません。それゆえ思考可能なものはすべて「ある」です。サルトルもそれは認めながらも、なお何らかの形で「ない」を考えてしまう私たちの意識の習性を分析します。その問題に、フッサール現象学に由来する「意識の志向性」という概念を使って取り組みました。

第1章
〔古代〕
自然哲学 vs
形而上学

第2章
〔中世〕
キリスト教 vs
ギリシア哲学

第3章
〔近代〕
人間理性 vs
自然世界

第4章
〔現代〕
旧哲学 vs
新哲学

サルトルによれば、**人間が存在の問題を考えることができるのは、「無」の概念によって**です。たとえば「なぜ無ではなく、何かがあるのか」という問いがそうです。

　では、無の起源はどこにあるのでしょうか。世界には存在者しかないので、無は決して存在しません。

　単純に考えると、無とか否定というのは、一種の判断であるように思えます。「このカフェに友人はいない」「財布に5000円しかない」などといった判断がそうです。しかし、そのような判断は、実は「否定」ではなく「差異」の判断にすぎません。ですから無の起源とはなりません。

　無の起源とは、サルトルによれば、自分自身が無や否定であるような存在者に由来します。それが人間の意識です。というのも、意識とは「何かへの意識（志向性）」であり、自分を脱していくもの（脱自）だからです。

　意識それ自体は、内容を持たない無です。そこからサルトルは、人間を「無を分泌する存在」「無を世界に到来させる存在」と規定します。

　人間の意識は「対自存在」とも呼ばれます。対象を通じて自分自身を見る存在という意味で、かみ砕けば、明確な自分自身というものがない存在です。それに対して、物体などは「即自存在」と呼ばれます。自分自身に即した存在、つまりそれ以外の何ものでもない存在のことです。

人間の自由は無に由来する

　サルトル哲学の意義は、人間の本質を何らかの有＝存在に求めることなく、無に求めたことです。「ある」としか語れない世界の中で、いつも「ない」を考える私たちの現実を語る哲学です。「実存が本質に先立つ」という話も、無の問題とつながっています。

　世界は人間が分泌し、到来させる無によって、多種多様な可能性をはらむものとなります。もしも無に由来するのでなければ、あらゆる思考や行為は必然的で、自由は決してありません。自由とは、単なる政治的スローガンではなく、存在と無についての形而上学に根差す哲学的理念です。

エロティシズム vs プラトニズム

第1章
【古代】
自然哲学
形而上学
vs

第2章
【中世】
キリスト教
ギリシア哲学 vs

第3章
【近代】
人間理性
自然世界 vs

第4章
【現代】
旧哲学
新哲学
vs

 経済的合理性を否定する哲学

　バタイユは『エロティシズム』で有名なフランスの哲学者です。哲学に限らず、小説や文学批評・宗教論・人類学など、幅広いテーマの著作があります。**彼の著作に一貫しているモチーフは、合理性や経済性といった意味での知の否定**です。

　私たちはふだんの生活では、どうしても物事を合理的・経済的に考えてしまいます。いわゆるコスパ思考ですね。できるだけ少ない労力で大きな効果を上げようとする思考を、賢さや知恵だと考えています。

　バタイユは、経済性・有用性に基づく知を断固否定し、そのような思考は人間や自然の矮小化だと批判しました。

　その代わりにバタイユが論じるのは、ある部族の「ポトラッチ」と呼ばれる見返りなしの贈与であったり、合理化・言語化を超えた「内的体験」（宗教性を伴わない神秘体験）であったり、合理性や有用性を基準としない「普遍経済学」などです。エロティシズムに関する論考もその1つです。

 エロティシズムとは禁止と侵犯

　エロティシズムとは何かをバタイユは特に厳密には定義せず、いろいろな言い方で説明します。例を出すと、**「死におけるまで生を称えること」**「人間の意識の中にあって、人間内部の存在を揺るがすもののこと」「禁止の規則への違反」などです。

　ただ、『エロティシズム』という作品の大筋では、「禁止と侵犯」がエロティシズムを理解するキーワードです。人間と動物が区別される線引きを、

バタイユは「禁止」の有無にあると考えました。禁止とはタブーや規律ともいえます。**動物はタブーを設けて自分やほかの動物の行動を制限することはありませんが、人間はそれを設けて自己や他人の行動を規制します。**

　もちろん、性愛に関する行動にも、禁じられた事柄がたくさんありますよね。その禁止を違反すること、すなわち「侵犯」からエロティシズムは生じます。禁じられたことこそやりたくなるともいわれるように、これは感覚的にわかりやすい話でしょう。

 ## エロティシズムは人間だけのもの

　エロティシズムは性愛や生殖に関する事柄ですから、人間が持つ動物的な側面を話題にしているともいえます。つまり、エロティシズムの根源には、動物性があります。人間は理性によって自分の動物性を抑えています。それが禁止の役割です。

　自己の理性によって定めた性愛に関するタブーを、自己の動物性によって侵犯すること。これがエロティシズムの特徴です。だからバタイユは、動物にはエロティシズムはないと言っています。**エロティシズムとは、人間性と動物性の交わりや対立の中ではじめて生まれる**ものだからです。

 ## 人間の二面性が「生の至高」へ導く

　ただ、エロティシズムとは、別に動物性を称えるものではありません。人間には二面性があり、その二面性が性の活動をエロティックなものにしています。この**二面性に由来するエロティシズムが、動物には決して到達できない「生の至高」へと人間を導きます。**これが、エロティシズムを論じるバタイユの言いたいことです。

　これまでの哲学では一般に、理性こそが人間に特有なものであり、自らの動物性を脱ぎ捨てることこそが人間性だと考えられてきました。ピュタゴラスやプラトンの「魂の浄化」が典型で、肉体とのかかわりを避けて、純粋に魂（理性）だけの状態に近づくことこそが生の至高でした。

しかし、バタイユは、エロティシズムに見られる人間の二面性の表れこそが、人間に特有なもの（本質）だと考えました。この**エロティシズムは、魂の浄化という哲学的生き方と鋭く対立する思想**です。

プラトン的な美との対立

バタイユは『エロティシズム』の後半で、美についても語ります。そこで目を引くのは「（我々は）美を汚すために美を求める」という言葉です。

これは、ピュタゴラスやプラトンらが知を愛し求める根本的な動機への挑戦を意味します。彼らの魂の浄化の根源には、美の追求があるからです。彼らからすれば、美を求めることこそが哲学的生き方です。そしてもっとも美しいものが知です。ですから哲学とは知を愛する生き方であり、言い換えれば「知へのエロース（愛）」となります。

この意味では、**プラトニズム（プラトン的生き方）もまた、エロティシズム**にほかなりません。両者の違いがどこにあるかというと、プラトンの「魂の浄化」という生き方は、自らの肉体や生の否定につながります。肉体は「魂の墓場」だからです。他方で、バタイユのエロティシズムとは「死におけるまで生を称えること」です。

つまり、両者はエロティシズムが人間の生を崇高なものへと導くと考える点では同じですが、一方のエロティシズムは生を否定し、他方のそれは生を賛美します。**バタイユの哲学とは、プラトニズムを十分に理解したうえで、プラトニズムを乗り越える企て**と理解できるでしょう。

とはいえ、意外なことに、バタイユはプラトンについてのまとまった論考を残していません。プラトニズムとの対決という姿勢は間違いなくうかがわれるのですが、直接対決はしていません。その代わりに、バタイユは冒頭にも述べた幅広いジャンルでの著作において、生の賛美やエロティシズムのモチーフを探究しています。

エロティシズムの哲学とは、プラトン的な愛知の精神、つまり西洋哲学全体に対する挑戦と乗り越えという、壮大な企図を持つ哲学です。

善悪を論じるのが
哲学だと勘違いするな

 哲学病を治療する哲学者

　ウィトゲンシュタインは「語りえないものについては沈黙しなければならない」という言葉で有名な、20世紀を代表する哲学者です。彼の哲学の関心は言語にあり、言葉の形式や、言葉の意味を分析しました。哲学の歴史の上では、「分析哲学」や「言語哲学」に分類される哲学者です。

　これらは現代の哲学の一大潮流です。ウィトゲンシュタインは、その源流に位置する哲学者です。彼以前には**フレーゲ**や**ラッセル**が、記号論理学という新たな論理学を構築し、それを用いた哲学を始めていました。

　ウィトゲンシュタインの哲学は、大きく前期と後期に分かれます。前期の重要著作は『論理哲学論考』（以下『論考』）、後期は『哲学探究』です。**前期と後期で一貫するテーマは、哲学病の治療**とでもいうべきものです。

　ここでいう哲学病とは、物事の本質をとらえたくなる誘惑のことです。哲学はすぐ「本質」とか「根源」とか「実在」とか言いたがりますからね。本書でもさんざん使ってきました。

　しかし、ウィトゲンシュタインの基本的な見解によると、そもそも哲学を、何か物事の本質を突き止めるような学説だと考えてはなりません。

　哲学病の治療とは、哲学に関する誤解や誘惑を解くことです。そのモチーフがはっきりと表れた『論考』の内容を紹介します。「語りえないもの」も、『論考』の最後に書かれています。

 『論理哲学論考』の目的

　まず『論考』の目的は、思考可能なことと不可能なことの区別です。こ

れはまさに、不明確なものを明確にする活動ですし、思考不可能なことが「語りえないもの」でもあります。思考とは言語（文）によって表されますから、ウィトゲンシュタインは文をベースに考察を進めます。

『論考』の冒頭は「世界は事実の総体である。事物の総体ではない」と始まります。世界とは、語で指される「物」の集合ではなく、文で描写される「事実」の集合だということです。言い換えると、世界とは名指しされるものではなく、記述されるものだ、ということです。

命題とは、真偽の判断ができる文のことです。ウィトゲンシュタインの「世界」や「事実」といった言葉は少し独特なので、下の図をご覧ください。

ウィトゲンシュタインが語りうると考えているのは命題のことです。命題にならないものは語りえないことです。

たとえば「パンは品切れだ」という文は、命題であり、思考可能です。状況が想像できますし、真偽（本当か嘘か）を判断できるからです。

では「店長は品切れだ」は、どうでしょうか。これは「パンは品切れだ」

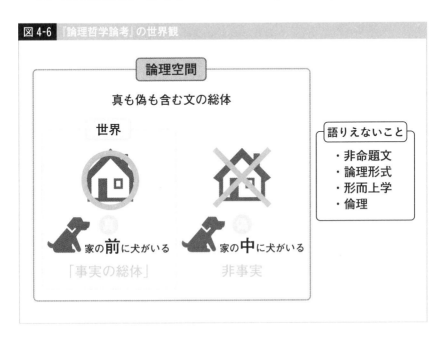

図 4-6 『論理哲学論考』の世界観

論理空間

真も偽も含む文の総体

世界

家の**前**に犬がいる
「事実の総体」

家の**中**に犬がいる
非事実

語りえないこと
・非命題文
・論理形式
・形而上学
・倫理

と同じ仕方では、思考不可能です。「いや、店長は品切れじゃないですよ」とも言えないため、真偽の判断もできません。このような文は命題ではなく、「ナンセンス（無意味）」です。

　さらにウィトゲンシュタインは、ある文が命題かそうでないかを区別するために、文を記号として表記することを提案しています（記号論理学）。つまり、記号で整合的に表記できる文や単語は命題であり、できないものはナンセンス、つまり命題ではない文です。

　このような前提のもと、**命題のような見かけをした文が、本当に命題なのか、それとも擬似命題なのか、その明確な区別が『論考』の目的**です。そして、哲学の問題は命題にはなりえないので、擬似命題です。

 ## 必然的な命題と偶然的な命題

　ウィトゲンシュタインは、命題を**必然的な命題と偶然的な命題**に分けます。必然的な命題とは、真か偽でしかありえない命題のことです。偶然的な命題とは、真でも偽でもありうる命題のことです。

　必然的な命題は、論理の形式だけで真偽が判定できるものです。たとえば「これはＡであるか、Ａではないかのどちらかだ」は、Ａに何を代入しようが、必然的に真です。目の前にあるものを指さして「これは馬であるか、馬ではないかのどちらかだ」と言えば、絶対に正しいです。このような命題を「トートロジー」といいます。

　また、「ＡはＡではない」は必然的に偽です。これを「矛盾」といいます。**トートロジーは絶対に真であり、矛盾は絶対に偽**です。Ａ（具体的な事態）の中身を考慮したり真偽を検証したりする必要がないからです。ただし、新たな知識や認識を与えてはくれません。このような形式的な必然性を伴う命題は、論理学の知といえます。

　偶然的な命題は、新たな知識を与えてくれる命題であり、自然科学の知といえます。形式的には真でも偽でもありうる命題は、Ａの中身を考慮する必要があります。そのような命題は、私たちの知識を広げてくれます。

また、科学的な知識も、偶然的な命題の一種だとウィトゲンシュタインは考えます。たとえば万有引力などの自然法則は、実際に作用している点で真だといえます。しかし、自然法則とは根本的には因果関係に規定されているものです。そして因果関係とは、世界を説明する方法であって、世界に実在するものではありません。

　そのため、**自然法則とは私たちのものの考え方を示すものであり、世界のうちに存在する「事実」ではありません。** とはいえ、私たちは自然科学の知識によって世界を理解しています。したがって、「正しい命題たちの総体が自然科学全体である」とウィトゲンシュタインは言います。

 「哲学は学説ではなく活動である」

『論考』の重要な主張を2つまとめます。①その反対が考えられないような必然的な命題は、すべてトートロジーか矛盾であり、私たちの知識を増やさない。②自然科学などの命題は私たちの知識を増やしてくれるが、それらの命題の正しさは偶然的である。

　これらの主張は、これまでの哲学と比べると、因果関係の必然性を否定したヒュームや、物自体は知りえないとしたカントの考えに近いです。

　ただ、ウィトゲンシュタイン独自に見られるユニークな主張は、「哲学は学説ではなく活動である」という言葉です。学説とは、自然科学の諸命題のように、真偽を判断できて、私たちの知識を増やすものです。しかし哲学は、そういう学説を提示するようなことはしません。「哲学は自然科学たちのうちの1つではない」と彼は言います。

　「哲学の目的とは、考えを論理的にクリアにすることである」 とウィトゲンシュタインは言います。これらは哲学とは何かという規定です。この規定に、従来の哲学が携わっていた事柄への批判が見て取れます。

 形而上学や倫理学は語りえない

　ここでウィトゲンシュタインが批判する哲学とは、主に形而上学と倫理

学のことです。『論考』の終わりの部分は、それらについての考察です。

　形而上学や倫理学は、必然的な知を探究する学問です。形而上学は確実な根拠が求められますし、倫理学も「〇〇しなければならない」という形で表現される義務には必然性が含まれています。

　ところが、ウィトゲンシュタインが明らかにしたことに照らせば、**形而上学も倫理学も、真偽を判定しうる命題の形では語りえない**事柄です。

　両者に対して取るべき態度は、次のようなものと言われています。哲学の話をしているつもりの相手に対して、相手の発言を記号論理学の言語に分析・変換して「あなたの発言は命題ではない」または「論理学や自然科学の話であって、哲学の話ではない」と指摘することが有益だと。

　以上のように、「語りえないものについては沈黙しなければならない」という有名な言葉は、哲学病の治療というモチーフや、「哲学は学説ではなく活動である」という言葉とセットにすると理解が深まるでしょう。

 『論考』の意義１　言葉の明確化

『論考』の意義の１つは、本人の言う通り、明確化にあります。従来の哲学（形而上学や倫理学）から、混乱や矛盾を取り除く姿勢を示したことです。ヒュームやカントもある程度試みたことですが、彼らは原理を提示しただけで、個々の具体的な文を分析する手段までは提示していません。しかし、**ウィトゲンシュタインは、記号論理学とその操作を確立して、ある文が有意味か無意味かを判断する具体的方法を作り上げました。**

　さらに、この明確化の意義は、その後「分析哲学」と呼ばれる哲学の方法の基本的な姿勢となりました。この姿勢を徹底して、すべての形而上学や倫理学をナンセンスとして葬り去る勢いを見せたのが「論理実証主義」です。代表的哲学者は**カルナップ**で、彼はハイデガーの講演を取り上げて、単なるレトリック、混乱・矛盾した言葉遣いにすぎないと攻撃しました。

　この攻撃には、ハイデガー哲学への無理解もありますし、あえて哲学が不明確で無意味な言葉遣いをすることにも、それなりの理由があります（ヘ

ラクレイトスの節参照)。しかし、ほとんど誰もわからないような言葉を用いて、何か深遠な真理を語っているような雰囲気を醸し出すという、哲学の習性(しばしば悪癖)に対する抗議としては、有意味です。

つまり、**明確化とは、哲学もコミュニケーション可能でなければならないといった、開かれた哲学を目指す主張**と考えれば、その意義は十分に理解可能です。実際、後期ウィトゲンシュタインの代表作『哲学探究』は、自己内対話のような形式で書かれています。

『論考』の意義2 語りえないことは示される

もう1つの意義は、本人が語らない「語りえないもの」についての取り扱いです。カルナップのような論理実証主義とは異なり、ウィトゲンシュタイン自身は、形而上学や倫理学の攻撃はしませんでした。

彼は、形而上学や倫理学といった**「語りえないもの」は「示される」**ものだと言います。形而上学や倫理学とは、事実を論じるものではなく、価値を論じるものです。原理や本質(形而上学の考察対象)、善や悪(倫理学の考察対象)は、世界には直接現れないものです。そのため、それらは事実かどうか、真偽を判定する命題の形では決して現れません。

たとえば「盗みは悪だ」という文は、「悪」が何を指すのかを明確にする必要があります。もしこの「悪」が、「損」や「不快」を意味するなら、世界に直接現れます。しかし、それは損得や快苦を論じているのであって、善悪そのものを論じているのではありません。

つまり、**善悪とは、事実として直接論じることはできないが、損得や快苦を論じる中で、価値として示される**ものです。事実としての世界や、可能性を含めた論理空間の中で、私たちはどのような価値を見出すのか。それが形而上学や倫理学の役割です。形而上学や倫理学の役割を明確にして、事実を論じる場合と決して混同しないこと。

ここにウィトゲンシュタインが、語りうるものと語りえないものを区別した理由があり、『論考』が20世紀最大の哲学書と評価されるゆえんです。

哲学はやがて
自然消滅する!?

 哲学者の思い込みを暴露する哲学

クワインは分析哲学の巨頭として知られるアメリカの哲学者です。分析哲学とは、英米で主流の哲学であり、源流にはウィトゲンシュタインや論理実証主義者などがいます。

分析哲学の基本的な方法は言語分析であり、その文や言葉が何を意味するのかを明確にすることです。その分析の結果、これまで当然だと思われていた考えが、実はあいまいであったとか、単なる思い込みで根拠がなかったことが明らかになります。これが分析哲学の得意技です。思い込みの解明という点では、古代ギリシア以来の伝統を引き継ぐ哲学といえます。

哲学とは、いつも人間の素朴な思い込みが誤っていることを示してきた学問ですが、クワインは哲学者の思い込みを示します。これまでの哲学が、単なる思い込みを「真理」と決めつけて、いかに都合のいい議論をでっちあげてきたかを明らかにするという根本的な批判がクワインの哲学です。

 「経験主義の2つのドグマ」

クワインの主要な功績の1つは「経験主義の2つのドグマ」という論文です。ここでの経験主義とは、論理実証主義のことです。論理実証主義は、命題の真偽は経験によって検証されるものだと考えていたからです。

2つのドグマとは、①「分析判断と総合判断は区別可能だ」という考え、②「特定の命題に対して、それを検証する特定の経験が存在する」という考えです。一見もっともに思えるこれらの主張をドグマ（根拠のない独断）と言い切ったのがクワインです。①については「分析命題は存在しない」

と述べ、②については「個別の命題と経験は対応しない」と述べます。

　第1のドグマの、分析命題と総合命題という言葉について説明します。

　分析命題とは「意味だけで真（正しい）とわかる命題」とクワインは言います。「独身者は未婚である」という命題は、「独身者」には「結婚していない」という意味が含まれているので正しいです。つまり、事実の考慮が不要な命題が、分析命題です。

　一方、**総合命題とは、事実の考慮が必要な命題**のことです。「明日は晴れである」という命題は、明日になってはじめて真偽が判断できます。

　以上が、分析命題と総合命題の違いです。明らかに種類が違いそうな2つの命題ですが、クワインによれば両者は区別不可能であり、**分析命題は存在しない**とのことです。つまり、本当に検証の不要な命題など存在しないというのが、クワインの考えです。

　これまでの哲学者は、命題を分析命題と総合命題の2種類に簡単に分けて、その区別を前提にしていろいろな考察をしていました。しかし、その前提は決して自明ではないと、クワインは言いたいのです。

 全体の文脈を考慮するホーリズム

　第2のドグマは「命題の真偽は経験によって検証可能だという考え」です。この考えによって、総合命題が検証可能になります。しかしクワインは、個々の命題が個々の経験に1対1で対応しているかのように考えることを誤りだと述べます。

　なぜなら、明日は晴れかどうかを私たちが判断できる根拠は、過去のさまざまな経験を土台にしているからです。明日の空だけを判断材料にして「晴れだ」「晴れでない」とは言えません。これが、**「個別の命題と経験は対応しない」**という意味です。

　にもかかわらず、哲学者たちは個別の命題の真偽を個別・独立に判断できるかのように仮定しているのだと、クワインは告発しています。彼のこのような考えは「ホーリズム（全体論）」と呼ばれます。

第1章
〔古代〕
自然形而上学
vs

第2章
〔中世〕
キリスト教
ギリシア哲学
vs

第3章
〔近代〕
自然世界
人間理性
vs

第4章
〔現代〕
旧哲学
新哲学
vs

クワインが「経験主義の２つのドグマ」で試みたことを一言でまとめると、**アプリオリな（経験によらない）認識の消去**といえます。すべての認識は経験によってからしか得られないという考えを彼は支持します。

　しかし、哲学とは、直接には経験できない事柄を理性と論理によって洞察することを専売特許としてきたはずです。それがいわば哲学のアイデンティティです。ただ、クワインからすれば、そんなアイデンティティこそがドグマ（独断）であり、根拠のない思い込みです。

　クワインは哲学を科学の一部と考え、両者の連続性を強調します。この哲学観は、現代で「自然主義」と呼ばれる哲学的立場の土台をなす考えです。クワインや自然主義の考えを推し進めれば、哲学は科学の中へと解消されます。彼は「ノイラートの船」という比喩を用いて「科学と哲学は、同じ船に乗って互いに協働・協力する乗組員だ」と言います。しかし、実質的に哲学とは、科学という大企業へ買収される中小企業のようなものだと理解することも可能です。

　そして、哲学者という呼称は、独自の学問や問題を追及する学者を意味せず、科学者の中の理論担当という程度の意味になるでしょう。あるいは、「なぜ人間は哲学的問題などを考えてしまうのか」という問題の究明担当者となるでしょう。この究明だけが哲学に残された仕事かもしれません。

　哲学を何か学問研究の専門領域などと見なすのであれば、このような帰結は少しも不思議ではありません。しかし、古代において哲学とは、専門領域や職業を意味するのではなく（それはソフィスト）、生き方であるという考えが常識でした。この常識を改めて思い出す必要があるでしょう。

　クワインの哲学は、哲学者のドグマを明らかにしつつ、最終的には学問研究としての哲学の専門領域の消去を目指します。哲学のアイデンティティを根底から揺るがし、哲学とは何かという問題を考えさせるという点で大きな衝撃を与えた、挑戦的な哲学です。

過去の哲学が犯した
あまりに基本的な間違い

第1章
【古代】自然哲学
形而上学
vs

第2章
【中世】キリスト教
ギリシア哲学
vs

第3章
【近代】自然世界
人間理性
vs

第4章
【現代】旧哲学
新哲学
vs

 「差異」を語るポストモダンの哲学者

　ドゥルーズは『差異と反復』や、**ガタリ**との共著『アンチ・オイディプス』で有名なフランスの哲学者です。特定の会社や所属にとらわれない働き方を「ノマド（遊牧民）」といいますが、これは元をたどれば、彼が独自の哲学概念として語ったものです。

　ドゥルーズは「ポストモダン」や「フランス現代思想」と分類される哲学の代表的人物であり、本格的に研究され始めたのは、1990年代や2000年代になってからです。哲学史の研究者としても優れていて、彼の哲学も哲学史研究を土台にしています。

　ポストモダンは、字義的には「近代以降」という意味で、主に近代の社会や哲学の仕組みについて解明して、それを批判する内容の哲学です。ドゥルーズの場合は、主体や主観という概念を批判し、「同一」に対する「差異」の概念を根源的なものとして語る哲学です。

　つまり、これまでの哲学は主観や同一性を実在の基礎として考えてきたが、そうではない。**主観や同一性といったものは実在の基礎ではなく、より根源的なものの産物にすぎない。その根源的なものこそが「差異」だ**、という内容です。

　そのような西洋哲学全体との対決姿勢が、ドゥルーズの差異の哲学です。

 近代哲学研究を通じた近代批判

　主著『差異と反復』を書く以前の初期のドゥルーズは、哲学史の研究をしています。特にヒューム（『経験論と主体性』）、ニーチェ（『ニーチェと

過去の哲学を１つにまとめて、それとは異なる原理を語る

哲学者と著書	過去の総括	自らの哲学
ドゥルーズ 『差異と反復』	同一性	差異
デリダ 『声と現象』	現前性 音声中心主義	差延 脱構築
アンリ 『現出の本質』	超越 存在論的一元論	内在 受動性
レヴィナス 『全体性と無限』	存在・全体性	他者・無限

哲学』)、ベルクソン（『ベルクソニズム』）といった、ドゥルーズ以前には少々マイナーだと評価されていた哲学者を研究しました。今ではいずれもメジャーな哲学者ですが、実はドゥルーズの研究によって彼らが再評価されたと言っても過言ではありません。

私の特権性を剥がしていく

　ドゥルーズは哲学史研究を通じて、近代の「私」を批判的に再考しつつ、差異の概念を研究します。私とは主観や主体と言い換えてもよいです。デカルトのコギトやフィヒテの事行に代表されるように、私や主観とは確実な存在や認識の基礎という地位を与えられています。あらゆる認識は、私から始まっていました。

　これを「私」の特権性と呼んでみましょう。「私」の特権性は、何も現代ではじめて批判されたわけではなく、近代の同時代にも重要な批判があったことをドゥルーズは明らかにします。

　たとえば、経験論のヒュームです。ヒュームは、「私（自我）とは観念の組み合わせ・知覚の束にすぎない」と論じます。ヒュームからすれば、私なんてものは認識の始まりではなく、結果の１つにすぎません。観念や知覚のほうが先立って、人間は「私」を仮想しているだけです。

　ドゥルーズは哲学史研究を通じて、「私」あるいは人間の特権性を１つずつ剥がしていく、緻密な作業を行っています。

 私の特権性とは永遠不変なものの認識

　私の特権性のうちでも最大といえるものは、永遠不変なものを認識する能力です。目の前の机を「机である」と認識するのも、この能力です。

　というのも、私たちが見ているのは平たい板や、板を支える細長い脚にすぎません。厳密に言えば、板も脚も見ておらず、視界に現れた形や色を見ているだけです。これが知覚の束ですが、この束をひとまとめにして「机である」と考えています。

　この「〇〇である」という認識が、永遠不変なものです。なぜなら、目の前にある形と色が机かどうかは、条件によって変わりますが、「机」が「机でない」に変わることはありえないからです。

　つまり私たちは、目の前の変化しうる形や色（知覚・現象）から、変化しない「机」（本質・実体）を理解します。真理とは変化しないもののはずです。これが私という存在が、真理を認識できるといえる根拠です。

　この話は、オリジナルとコピーというたとえがわかりやすいでしょう。**本質や実体としての机がオリジナルであるのに対して、目の前の机はそのコピー（劣化品）**です。これはプラトンがイデア論を説明するときに使った例であり、ドゥルーズはこのような考え方を批判します。

 永遠不変が同一性で、変化が差異

　ここから「差異」の話です。「差異」は「同一」と対比されるものです。変化しないものとは当然、同じものです。つまり、**私たちが真理（永遠不**

変のもの）を認識すると考えるうえでの根拠は「同一性」にあるということです。変化するもの（差異）から、変化しない（同一）を発見することが真理の認識だと、今まで考えられてきました。

　しかし、この同一性は、決してもののはじめからあるわけではありません。私たちが経験するのは変化する現象（差異）のみであり、それから現象の背後に永遠不変なものの存在を推定するにすぎないからです。

　この永遠不変なものは存在して、しかもそれが現象の根拠になっているという推定を、確実だと論証し説得する努力が、古代以来の哲学の営みだったということになります。そこから、ドゥルーズは過去の哲学を「同一性の哲学」とひとまとめにして、対決を試みます。

　すなわち、ドゥルーズの考えでは、同一性はものの認識の根拠などでは決してありません。現実はまったく逆です。なぜなら、私たちが実際に見るのは差異だけだからです。だとすれば**差異のほうこそ、同一性を推定させる根拠であり、存在の根源**であると言わなければなりません。

 ドゥルーズ哲学の意義

　ところで、差異とは「差異とは○○である」などと規定できるものではありません。そんなことをすれば、差異に同一性が生じてしまうからです。むしろ、差異は同一性に抵抗するものです。したがって差異とは、物理的には流動性や動きとして理解されますし、数学的には微分や無限小として理解されます。

　そして哲学的には、**差異は生成変化の原理であり、私たちがそもそも何かを経験するための原理や条件**として理解されます。差異を生み出す原理の解明が、私たちのリアルな経験を語ることになるからです。

　このような問題意識が、彼の主著『差異と反復』のテーマです。主観や同一性といった特権的な概念を虚偽として斥け、その裏で排除されてきた、差異という根源的な存在の探究という、これまでにない新たな哲学を開始したこと。これがドゥルーズの哲学的意義です。

誰も真似できない
名人芸のような読解

第1章
【古代】
自然哲学
形而上学
vs

第2章
【中世】
キリスト教
ギリシア哲学
vs

第3章
【近代】
自然世界
人間理性
vs

第4章
【現代】
旧哲学
新哲学
vs

名人芸と呼ぶべき読解と解釈

　デリダは『声と現象』や『グラマトロジーについて』で有名なフランスの哲学者です。「脱構築」という概念が、デリダ哲学の代名詞です。

　デリダの哲学の魅力は、過去の哲学者のテクスト（哲学書）の緻密な読解にあります。単に正確で詳細だというだけではありません。誰も注目しないような箇所や言葉に注目して、そこからその哲学者の本質を明らかにするのがデリダの読み方です。

　音楽演奏の比喩でいえば、名人芸です。脱構築という概念も、名人芸の読解によって示されるものです。

脱構築とは形而上学の解体

　まず脱構築の意味を大まかにいえば、形而上学の解体です。もともとはハイデガーの使った「解体」というドイツ語の翻訳だといわれています。ハイデガーが解体しようとしたのは、存在者ばかりを問題にして存在を問題にしなかった西洋形而上学でしたね。

　ですからデリダの脱構築も、形而上学の批判と対決が念頭にあります。つまり、**形而上学という理論的な構築物を解体する試み**です。解体するには、形而上学という構築物を支える柱・屋台骨を見極めなければなりません。ドゥルーズであれば「同一性」にあたるものです。デリダにとってそれは「現前性」です。

　デリダは、形而上学という理論が成立している大前提を、「現前性」と規定します。ハイデガーの節でも説明した通り、現前性とは目の前にありあ

りと現れていることです。つまり、何かを理解したといえるのは、物体を見るかのように、はっきり見えているときだという考えです。

思考は目に見えないものですが、思考において一点の曇りなく現れていることが、その思考が正しいことの証明です。つまり、思考における現前性や直接性が、真理の根拠というわけです。

一見もっともな話ではありますが、それを「現前性の特権化」と批判して、**「脱構築」によって哲学の思考を根本から見直すのがデリダの目的**です。

 現前性の具体例「声」

形而上学の現前性の具体的な例が、声としての言語（パロール）です。デリダは『声と現象』という著作でフッサールの現象学を俎上に載せ、形而上学を「音声中心主義」として批判しています。

順に説明します。まず、声には発話者がいて、発話の意図があります。声のうちにありありと現前するのは、発話者の意図です。ここから、**発話者の意図を正しく理解することが、読解や思考の基本**となりました。

反対に、声ではない言語とは文（エクリチュール）です。声と違うのは、書き手が相手を選べないということ、また読み手が書き手の意図を確認できないことです。ですから、書き手の意図は、声ほどにはありありと現前しておらず、あいまいで隠されています。

もちろん文にしても、書き手の意図を私たちは読み取ろうとしますよね。その意味では文章も、声と同じように読めます。しかし、その態度がデリダのいう「音声中心主義」から生まれたものだということです。

 「直接話しましょう」は音声中心主義

音声中心主義的な価値観では、**文とは話者の意図を汲み取るうえでは、声の代替品・B級品**です。声の現前性・直接性には劣るものと序列付けられます。

身近な例でいえば、だれかとメールのやりとりですれ違いが生じたとき、

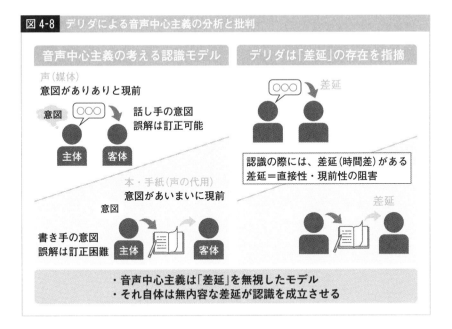

図 4-8 デリダによる音声中心主義の分析と批判

音声中心主義の考える認識モデル

声（媒体）
意図がありありと現前

意図 ○○○ 話し手の意図
誤解は訂正可能

主体 客体

本・手紙（声の代用）
意図があいまいに現前

意図

書き手の意図
誤解は訂正困難 主体 客体

デリダは「差延」の存在を指摘

○○○ 差延

認識の際には、差延（時間差）がある
差延＝直接性・現前性の阻害

差延

・音声中心主義は「差延」を無視したモデル
・それ自体は無内容な差延が認識を成立させる

「電話で話しましょう」とお願いすることがありますよね。「大事な話のときは直接会うほうがよい」と考えたりもするでしょう。これらは、音声中心主義的な態度だと言えます。

　このように、私たちは日常のいたるところで、自分や相手の言葉の意図は、はっきりと伝えられる・理解できると考えているのです。

 直接性や現前性は真理の基準になるのか

　声は現前性の象徴です。つまり、**声（パロール）と文（エクリチュール）との序列＝音声中心主義が、形而上学全体の暗黙の前提になっていた**と、デリダは指摘します。

　しかし、声はそれほど万能でしょうか。声が持つ直接性や現前性が真理の基準だとして、声はそれほど直接的なものでしょうか。決してそんなことはないとデリダは考えます。

　実際、フッサール自身も「意識流」「生ける現在」という概念を説明して

245

いましたね。それらによれば、私たちの思考や認識は、反省を通じて生じるものです。私たちの思考は必ず現在よりも少しあとに成り立つもので、そこにはわずかな時間差があります。

ここからデリダは、直接性や現前性を真理の基準とする音声中心主義が絶対的ではないことを指摘します。むしろ、このわずかな時間差があってはじめて認識が成立するのですから、**時間差こそが認識の条件**ともいえます。この誤差を「差延」と呼びます。

つまり、差延という時間差は、それ自身は無内容で、ただの誤差です。しかしそのような存在とも非存在ともいえないような差延こそが、認識が成り立つうえで不可欠の要素であることをデリダは示します。

そのような無内容な差延を存在しないことにして、直接性や現前性（声）を真理の基準にするなんて、だいぶ乱暴ですねというのが、デリダが言わんとするところです。

声と文字という序列の存在を指摘し、綿密な読解により、その序列の根拠を突き崩し、序列そのものをあいまいにする。これが脱構築の一例です。形而上学の思考が成り立つ前提を揺るがすのがデリダ哲学です。

 ## フランス現代思想的な知性の本質

デリダ哲学の意義は、哲学書を読むことの水準を引き上げ、また読解の可能性を大きく開いたことです。「そんなふうに読めるのか」という驚きを与えるのがデリダの哲学です。

比喩的にいえば、「哲学書自身に、自らの哲学を語らせる」というイメージです。その結果明らかになるのは、形而上学が自分で作り上げた論理を自分で破壊する姿です。

ある意味では、デリダは何も批判していませんし、何も語りません。ただ、テクストを細かく読んでいるだけです。それが結果的に、西洋形而上学を土台から揺るがしている。このような**エレガントな「読解と解釈」のあり方が、フランス現代思想の特徴**です。

能動＜受動、主体＜客体、真の哲学はそこにある

 フランスの現象学

アンリはフランス現象学の代表的哲学者で、ドゥルーズやデリダとおおむね同世代です。主著は『現出の本質』です。

これまでの西洋哲学の存在論をすべて、本質や超越のみを追い求める「存在論的一元論」であると批判し、現象の根源に内在する「生」をとらえる哲学を模索します。また、アンリと次節で紹介するレヴィナスは、現象しないものを語る現象学者と言われています。

 アンリ哲学の基本「超越ではなく内在を」

アンリの哲学は、超越ではなく内在を求めていく哲学です。ざっくり言えば、超越とは「見えるもの・現れるもの」であり、内在とは「見えないもの・現れないもの」です。

今までの西洋形而上学は、超越のほうを存在の本質だと考える「存在論的一元論」だったとアンリは批判します。この批判は、ハイデガーやデリダによる「現前性」の批判と似ています。

しかし、「存在とは、見える・現れることだ」と考えたら、何がまずいのでしょうか。その理由は、何かが見えたり現れたりするには、私たちの理性や主観が介在するからです。理性や主観とは、思考や判断の主体ですから、自分自身です。つまり、何かが存在すると言うには、先に自分自身の存在が確保されていないといけません。

アンリによれば、**私が存在するという確信は能動的な思考からではなく、受動的な感情から得られます**。私自身の存在を確信できるのは、「考えるこ

と」によるのではなく、「感じること」によります。

 私の存在の根源にある受動性

たとえば「私はここにいる」と考えても、その「私」は、いわば「思考する能動的な私」と「思考されている受動的な私」に分かれ、私自身のうちに隔たりが生じています。

しかし、感じるとは、行為や状況に触発されて、自分の意向にかかわらず生じるものです。ですから「触発する私」と「触発される私」に分かれることはなく、「感じる私」と「感じられている私」はまったく同一だとアンリは言います。アンリは、こんなところに思考と感情の違いを見ています。

そして、この「私」を感じることが「内在」としての現れです。**これまでの形而上学は、こうした受動性・内在という存在のあり方について、ほとんど顧みられることがなかった**、とアンリは指摘します。

 アンリの哲学的意義

アンリの哲学は、存在の本質を能動や理性といった概念から切り離したことに意義があります。存在とは何らかの能動的な表れであり、その表れを理性が能動的に判断するという哲学の伝統をひっくり返しました。

主体的で能動的なあり方こそが、存在の本来的なあり方・卓越性（徳）だと考えてきた西洋哲学の伝統に対して、**客体的で受動的なあり方こそが、その主体性を支えているものだと指摘したのがアンリです。**

このような考え方に基づけば、世界と人間の関係についての価値観も変わってくるでしょう。世界とは、私がよく生きるためにそこに働きかける場所や客体的対象ではありません。むしろ、私を触発し、私の存在を根底で支えてくれる何ものかです。

受動性こそが存在の本質と規定したアンリは、晩年にキリスト教に関する哲学書を次々と出版します。キリストとは、受苦により人類の存在を許し、支える神だからです。

打倒パルメニデス、古代vs現代の大決戦

 ## 西洋形而上学と対決したユダヤ人哲学者

　レヴィナスは、『全体性と無限』や『存在するとは別の仕方で』で有名な哲学者です。リトアニア生まれでフランスに帰化したユダヤ人です。

　彼の哲学は「無限」や「他者」、「殺すなと命令する顔」といった倫理的な概念が有名ですが、その根底には西洋形而上学全体と対決する意識があります。たとえば『全体性と無限』では、**「私たちはパルメニデス的な存在の哲学から抜け出る」**と、対決の姿勢をあらわにしています。

　レヴィナスがどのようにこれまでの形而上学をとらえ、形而上学とは別の仕方で哲学する可能性を模索したのかを紹介します。

 ## 存在とは力である

　レヴィナスは、存在を一種の「力」と理解します。というのは、私たちは物事を考えるときは、常にそこに存在を伴うからです。パルメニデスの言うように、「ない（非存在）」を考えることは不可能です。

　よって、あらゆる思考は「ある（存在）」を前提としています。私たちの思考に対する存在からの強制を、レヴィナスは「存在の力」と呼びました。

　存在の力を解明すること。そして、**存在するとは別の仕方で思考することの不可能性に抗うこと。これがレヴィナス哲学の基本**です。

 ## 全体性とは理性の暴力である

　『全体性と無限』という著作名には、レヴィナスの哲学がよく表れています。レヴィナスによれば、全体性とは西洋形而上学の思考法です。

形而上学は、理性によってものの本質をとらえる学問です。本質とは、まさにもの（たとえば机）をもの（机）たらしめる何かです。

本質をとらえる思考とは、異なるものの中に同一のものを見出すことです。そして、**同一性や普遍性を見つけることとは、その反対である差異性や個別性を排除・無視すること**です。この本質把握は、理性による一種の暴力だと、レヴィナスは考えます。なぜなら、認識するのは理性であり、その認識が正しいかどうかを決めるのも理性だからです。

 無限とは全体性・同一性に収まらないもの

無限とは、理性による全体化・同一化から外れる何かです。無限とは、全体を理解できないものだからです。全体を理解できるものは、有限です。

また、そのとらえきれない何かは、「他者」とも言い換えられます。他者とは、自分ではないものを意味します。理解できないものとは、自分ではない別のものとして存在することだからです。

この無限、決して全体性や同一性といった枠組みには収まらない他者を語ろうとするのが、レヴィナス哲学です。

 無限や他者は存在ではない

無限や他者は、存在者ではありません。何らかの存在者と考えてしまうと、存在者という同一性の枠組みに入れられてしまうからです。そのため、決して存在者という扱いをしてはなりません。

したがってレヴィナスは、それらを「不在」と言います。不在は、非存在（ない）とも違います。もしも非存在なら、パルメニデスの「存在のテーゼ」のいう通り、考えることもできないからです。

あるいは、それらは「（神の）痕跡」とも言われます。痕跡とは、そのものの不在を意味します。なぜ神の痕跡なのかというと、神は存在者ではないからです。かといって非存在でもありません。神とは無限や他者のようなものです。不在が、神や無限や他者といった概念のポイントです。

このようにレヴィナスは、存在にも非存在にも属さない事柄を「存在する」とは別の仕方で考えようとしました。それは言い表せません。言葉にすれば、直ちに「存在する何か」として現れてしまうからです。

 パルメニデスとは別の仕方で哲学する

レヴィナス哲学の意義は、パルメニデスの哲学とは別の仕方で思考する可能性の模索です。古代のプラトンやアリストテレスも、パルメニデスの哲学とは別の仕方で思考しようとしました。彼らは、「ないは、ある意味で、ある」（プラトン）、「あるはさまざまな意味で語られる」（アリストテレス）などと言いました。このような考察によって彼らは、存在のリアル、存在の意味を語ろうとしました。

しかしレヴィナスは、リアルは存在とも非存在とも異なる、不在によって成り立っていると考えます。これがレヴィナス哲学の独自性であり、**パルメニデスの哲学との決別を自覚的に試みた、唯一無二の哲学**です。

第1章
【古代】 自然哲学 vs 形而上学

第2章
【中世】 キリスト教 vs ギリシア哲学

第3章
【近代】 自然世界 vs 人間理性

第4章
【現代】 旧哲学 vs 新哲学

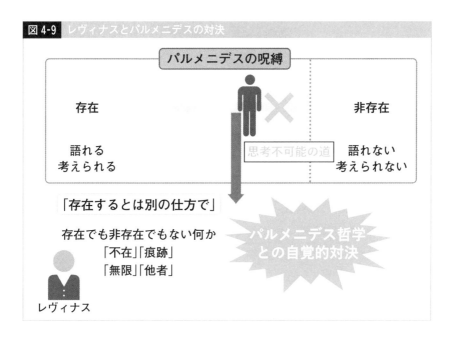

図4-9 レヴィナスとパルメニデスの対決

パルメニデスの呪縛

存在
語れる
考えられる

思考不可能の道

非存在
語れない
考えられない

「存在するとは別の仕方で」

存在でも非存在でもない何か
「不在」「痕跡」
「無限」「他者」

レヴィナス

パルメニデス哲学との自覚的対決

Column

哲学はなぜ互いに
批判ばかりしているのか？

 20世紀でも英米と独仏の対立があった

　分析哲学は主に20世紀の英米で主流の哲学でした。対して、現象学やいわゆるフランス現代思想は、独仏で主流の哲学でした。これらは大げさに言えば相性のよくないもので、軽蔑し合うこともあります。

　本文でも、カルナップ（分析哲学）が、ハイデガー（現象学）をこき下ろしたことを紹介しました。ハイデガーもそれに対して「カルナップのようなものこそ、哲学の皮相化の極みだ」などとコメントしたようです。

　つまり、分析哲学から見れば、独仏の哲学は、いたずらに難解で、深遠そうに見せかけただけの無意味な言葉の羅列のように感じるのでしょう。

　他方で、独仏の哲学から見れば、分析哲学は明晰・明快をスローガンにしながら、哲学を俗悪で陳腐なものにしていると感じるのでしょう。

　これは**哲学が持つ多様な側面の表れ**です。まるで正反対なことを言っているようなことも多々あります。なので、ひとまず理解の見通しを与えるために、哲学は対立軸をベースに語られることも多く、本書もそれを踏襲しています。「自然哲学と形而上学」に始まって、「あるとない」「精神と物体」「可能と現実」「能動と受動」など、いろんな対比を紹介しました。

　しかし、そういう対比さえも崩そうと思えば簡単に崩せますし、安易な対比を超えた、言葉にできないものを語るのが哲学です。

　言葉にできないものを語ろうとするから、どんな語り方もできます。**歴史に残る偉大な哲学者たちとは、これまでに聞いたことがないような語り方をした人物**ともいえます。

おわりに

　この本は、大きな挑戦でした。非専門家が、哲学の通史を書くなんてことが、いかに無謀で困難であるか、百も承知のうえでの著作です。

　あえて本書の意義を言うならば、私たちの思い込みを叩き壊すことです。「哲学は専門的に学ばなければわからない」という思い込みを捨てて、誰でも哲学者のエッセンスを楽しく学べることを示した本です。

　読者のみなさまにはぜひ、「この哲学者はおもしろそう」と思える誰かを見つけていただければと思います。それがきっかけとなり、実際の哲学書やほかの解説書も読んでいけるでしょう。哲学は、長い時間をかけて付き合うに値する学問です。本書がその糸口となれば幸いです。

　さて、謝辞です。本書が形になったのは、多くの本や人々のおかげです。まずは参考文献です。専門家たちが築いた豊かな哲学研究の世界があってはじめて、一般の私たちも、哲学の世界にかかわれるようになりました。

　また、今回の執筆に協力してくださった方々。特に、小松優也さん、高久弦太さん、学習院大学の小島和男教授のお三方には、常に私の草稿を読んでもらい、有益な指摘や助言、励ましをいただきました。

　図版と地図の作成においては、宇佐美由紀子さんに手伝っていただきました。私の雑然たる落書きから、美しい秩序を生み出してくれました。

　ネオ高等遊民読書会サークルに参加するメンバーの方々にも、一部の草稿を見ていただいて感想をもらいました。そのほか、ここに名前は挙げられずとも、応援・協力していただいた方々に感謝します。

　最後に、本書編集担当の大澤桃乃さんに、素性も得体も知れないタイ暮らしの哲学YouTuberに本書を執筆するチャンスを与えてくださったことを感謝します。

2024年3月

ネオ高等遊民

　本書執筆のうえで、特に参考にした書籍や論文の一部をご紹介します。
　一次文献（＝過去の哲学者本人の著作）は省略しました。
　★がついた書籍は、本書をきっかけにみなさんにもぜひ読んでいただきたい本たちです。

★生松敬三・木田元・伊東俊太郎・岩田靖夫 編『概念と歴史がわかる　西洋哲学小事典』ちくま学芸文庫

★岩田靖夫『ヨーロッパ思想入門』岩波ジュニア新書

　内山勝利・小林道夫・中川純男・松永澄夫 編『哲学の歴史』全12巻＋別巻　中央公論新社

★日下部吉信『ギリシア哲学30講』上・下巻　明石書店

　納富信留『ソフィストとは誰か？』ちくま学芸文庫

★納富信留『プラトン哲学への旅』NHK出版新書

　角田幸彦『人と思想　キケロー』清水書院

　金子晴勇『キリスト教思想史の諸時代』全7巻＋別巻1・2　ヨベル新書

　中川純男・加藤雅人 編『中世哲学を学ぶ人のために』世界思想社

　小高毅『人と思想　オリゲネス』清水書院

　神崎繁『魂（アニマ）への態度』岩波書店

　柏木英彦『アベラール──言語と思惟』創文社

　山内志朗『感じるスコラ哲学』慶應義塾大学出版会

★リチャード・E. ルーベンスタイン 著、小沢千重子 訳『中世の覚醒』ちくま学芸文庫

　アダム・タカハシ『哲学者たちの天球』名古屋大学出版会

　山本芳久『トマス・アクィナス』岩波新書

　八木雄二『神を哲学した中世』新潮選書

　シュヴェーグラー 著、谷川徹三・松村一人 訳『西洋哲学史』上・下巻　岩波文庫

　河本英夫『ダ・ヴィンチ・システム』学芸みらい社

塩川徹也『パスカル『パンセ』を読む』岩波人文書セレクション

吉田量彦『スピノザ』講談社現代新書

佐藤義之・松枝啓至・渡邉浩一 編著『観念説と観念論』ナカニシヤ出版

一ノ瀬正樹『英米哲学史講義』ちくま学芸文庫

冨田恭彦『ロック入門講義』ちくま学芸文庫

秋元康隆『意志の倫理学』月曜社

★村岡晋一『ドイツ観念論』講談社選書メチエ

岩崎武雄『カントからヘーゲルへ』東京大学出版会

米虫正巳『自然の哲学史』講談社選書メチエ

寺嶋雅彦「『総合哲学体系』の哲学的基礎─スペンサー『第一原理』に基づいて」
　　　　『WASEDA RILAS JOURNAL』（9）137-147

★米山優『つながりの哲学的思考』ちくま新書

今村仁司『近代性の構造』講談社選書メチエ

小松優也「キェルケゴールにおける弁証法の三形態」『新キェルケゴール研究』
　　　　（21）30-44

田上孝一『99％のためのマルクス入門』晶文社

新田義弘『現象学とは何か』講談社学術文庫

轟孝夫『ハイデガー『存在と時間』入門』講談社現代新書

檜垣立哉・平井靖史・平賀裕貴・藤田尚志・米田翼『ベルクソン思想の現在』書
　　　　肆侃侃房

川口茂雄・越門勝彦・三宅岳史 編著『現代フランス哲学入門』ミネルヴァ書房

荻野弘之・山本芳久・大橋容一郎・本郷均・乗立雄輝『新しく学ぶ西洋哲学史』
　　　　ミネルヴァ書房

★千葉雅也『現代思想入門』講談社現代新書

★大谷弘『入門講義　ウィトゲンシュタイン『論理哲学論考』』筑摩選書

丹治信春『クワイン』平凡社ライブラリー

川瀬雅也・米虫正巳・村松正隆・伊原木大祐 編『ミシェル・アンリ読本』法政大
　　　　学出版局

熊野純彦『極限の思想　サルトル』講談社選書メチエ

著者プロフィール

ネオ高等遊民（ねおこうとうゆうみん）

日本初の哲学YouTuber。タイに在住。哲学科の大学院で修士号取得後、企業勤務を経て高等遊民に転身。2018年にYouTube活動開始。代表作「何すご哲学」シリーズでは、「歴史上の哲学者の何がすごいのか」をテーマに、主に初期ギリシア哲学者の思想の意義や、未解明の謎を独自に考察。また5時間半に及ぶ西洋古代哲学史解説や名著紹介の動画が好評を博し、哲学研究者との対談イベントや共同勉強会を開催している。チャンネル登録者はおよそ28,800人、これまでの動画総再生回数は400万回を超える（2024年2月時点）。YouTuber活動と並行して、タイから遠隔でオンラインの読書会として「ネオ高等遊民読書会サークル」を開催。参加者とともに毎月100回以上、年間1,200回以上のオンライン読書会を行っている。本書が初の著作となる。

・YouTubeチャンネル「ネオ高等遊民：哲学マスター」：
　https://www.youtube.com/@neomin
・YouTubeサブチャンネル「ネオ高等遊民の哲学園」：
　https://www.youtube.com/@neomin2
・X（旧Twitter）：@MNeeton

一度読んだら絶対に忘れない 哲学の教科書

2024年4月6日　初版第1刷発行
2024年9月24日　初版第5刷発行

著　者	ネオ高等遊民
発行者	出井貴完
発行所	SBクリエイティブ株式会社
	〒105-0001 東京都港区虎ノ門2-2-1
装　丁	西垂水 敦（krran）
本文デザイン	斎藤 充（クロロス）
DTP・図版製作	クニメディア株式会社
特別協力	宇佐美由紀子、小島和男、
	小松優也、高久弦太
編集担当	大澤桃乃（SBクリエイティブ）
印刷・製本	中央精版印刷株式会社

本書をお読みになったご意見・ご感想を
下記URL、またはQRコードよりお寄せください。
https://isbn2.sbcr.jp/19220/